HUGIBOOKS

HUGIBOOKS

超高效率！
耳聽學習法

用「耳朵」讀書，
紓解苦讀瓶頸，年閱讀量倍增

上田涉——著　　石玉鳳——譯

目錄
CONTENTS

第二章 從腦科學破解！為何耳聽學習法那麼有效？

第三章 邁向以耳閱讀的時代

第四章

耳聽讀書、耳聽學習將改變你的生活

第五章

用聽的就行！耳聽學習法的進行方式

前言

當年我原本學力偏差值三十[1]，利用耳聽學習法，最後考上了東大。後來在就學期間，為了推廣有聲書文化，我創立了Otobank股份有限公司，現在經營著日本最大的有聲書平臺audiobook.jp，堪稱日本有聲書業界的先鋒，每天過著忙碌的生活。

二〇〇九年，我出版了《養成好腦力的耳聽學習法》一書，而這本書是應時代所需依該書修訂而成的。在當時使用有聲書或Podcast的人口，僅有數萬人之多。我出版這本書的初衷，就是為了

1. 日本常用的成績推估，一般平均值為五十，偏差值落在二十五到七十五之間。一般偏差值要到七十才有機會考取東大等一流學府。

讓更多人學習聽力的運用技巧。

如今時代已經不同，距離那時十幾年後的今天，以日本來說，audiobook.jp的會員已突破二百五十萬名，Podcast等聲音媒體、Clubhouse等社群網站，這些服務都在蓬勃發展中。之所以能有如此的發展，完全是因為音訊市場已經備足了養分，例如：先進的視聽設備、高速化的通訊傳輸，還有驚人的內容訊息量。

因此我便順應當前潮流，重新出版了這本《超高效率！耳聽學習法》。書中我將自己長年實踐、檢證的知識，整合聽力的研究結論，整理出這套最有效的耳聽學習法，希望與各位分享。舊作《養成好腦力的耳聽學習法》中較不易讀的理論部分已經刪減，並加入許多最新的研究與腦科學知識。

我每天都會從這份工作中一再確認耳聽學習法的優點，也向成功人士及有聲書使用者學習更多有聲書運用技巧，然後將這些變成耳聽學習法的養分，讓這個學習法不斷精進。

耳聽學習法是成功者的祕笈

耳聽學習法，如字面所言，是透過耳朵進行的學習法。亦即以耳朵聆聽書籍朗讀或是教學、演講、對談等有聲書內容，運用聽力來學習，是種非常方便的學習法。雖然一直以來，這個方法在社會上的知名度不高，但卻是許多成功人士都在使用的技巧，可說是內行人才知道的「祕笈」。

以日本來說，管理大師神田昌典、經濟評論家勝間和代、精神科醫師樺澤紫苑等專家及暢銷書作家，都使用了這個方法，也有許多經營者及成功人士在親身使用之後大力推薦這套學習法。在國外，像是維珍集團董事長理查·布蘭森，以及知名演員湯姆·克魯斯、奧蘭多·布魯，也都以善用耳聽學習法聞名。

不過雖然這個成功者們的祕笈已經慢慢被公開，但仍有許多人沒體驗過耳聽學習法。在這個時代，耳聽學習法的各項條件都很完善了，要是還不去親身體會，那就太可惜了。

耳聽學習法改變我的一生

近來在面臨前所未見的經濟危機之下，人們對於自我投資，亦即加入學習行列的意願也變得強烈。因為現在已經不是以前的泡沫經濟時代，而是一個必須以學習提升自我實力，變成社會需要的人才，否則便無法生存下來的時代了。

「我也知道學習很重要，但就是怎麼做也學不好！」

一直存在這種想法，或是因看不到成果而受挫的人，相信應該很多。

這些人們很可能跟我一樣，都是比較適合透過耳朵學習的人。

其實我在高中三年級之前，學力偏差值只有三十。上課時，不是玩些有的沒的，就是被叫到走廊罰站，模擬考成績個位數則是家常便飯，甚至常常考試考到一半就睡著了。完全就是所謂的吊車尾狀態。但是就在某個契機下，我決定奮發向上，以考上東大為目標，因此找了一個適合自己的學習方法，努力實踐之後，真的成功上榜了。

在準備應考之初，我是個連SVO（主詞—動詞—受詞）語序都不知道的英文白痴，還是個文章看過就忘的國文白痴，古文更是有看沒懂，社會課本也背不起來，數學呢，在我眼中只是一排排站立的符號而已，總之實在很慘。但是想不到，後來我參加慶應義塾大學湘南藤澤校區（SFC）的考試時，居然能在全英語的測驗中一一破關，在當時那可是英語測驗難度最高的一所學校；從文章測驗乃至於小論文測驗，我都輕鬆過關，古文也能當成原文般讀得津津有味，社會科記住的內容也變得很可觀，就連數學也衝破及格防線了。

當時我的學習法關鍵就是利用耳朵來學習。

那時的我，完全不知道原來許多成功人士也會利用耳朵學習。耳聽學習法，是我在尋找適合自己的方法時摸索出的一套方法。

要是沒有發現這套方法，我根本不可能考進東大，也不可能成為公司的經營者，只會因為諸事不順而活得充滿絕望、空虛、自卑感吧！

還好我很幸運的遇到這套方法。**我的人生，因為有了耳聽學習法而完全改變**。我總想著，一定要將自己的經驗以及一路累積的知識與大家分享，因此我寫下了這本書。

什麼是耳聽學習法

本書介紹的耳聽學習法，大致可分為兩個重點。

①利用耳朵有效輸入資訊的方法。
②善用「腦海中的聲音」進行思考的方法。

第一點，主要介紹耳朵聽到的聲音資訊，且內容方便實用（有聲書等），另外也會針對有聲書的聆聽方式，提出具體的建議。

第二點，則是介紹如何運用「腦海中的聲音」促進深度思考、獲得新發現，以及提高我們的記憶力。

人類是透過語言思考，聲音則是語言的基礎，因此可以說，人類是透過聲音進行思考。而聽覺便在此時形成關鍵。當我們思考時，會在腦中進行自我對話，那就是種「腦海中的聲音」。專業術語稱為「音韻表徵」。

這些耳聽學習法都是我站在「如何運用聽覺最有效」的角度思考後，親身實踐至今的方法。

耳聽學習法最適合現代人

這是個資訊爆炸且繁忙的時代，很多人即使有心學習，也都因為沒時間，每天忙得團團轉，最後宣告放棄。

其實**耳聽學習法有個極大的優點，就是能夠「利用空閒時間」**。「空閒時間」，看起來好像什麼事都做不成，事實上卻是很值得利用的時間。

各位在一天中有多少空閒時間呢？我是個經營者，應該算是很忙的人，但即使如此，一天還是約有四小時的空檔可以做耳聽學習。四小時，大約就能聽完兩本書，不覺得是很充足的時間嗎？

想必各位也同樣擁有這樣的空閒時間。

工作、看螢幕等使用眼睛的時候，的確幾乎不會有空閒時間，但如果從「聽覺閒置」的時間來看，空閒時間就會突然出現了。再忙的人，只要認真的找，其實都擁有許多空閒時間的。耳聽學習法，正是最適合這繁忙時代的好方法。

耳聽學習法有益大腦

隨著近年來腦部科學研究的大幅進展，大腦結構也逐漸被了解。從大腦結構來看，耳聽學習法其實是種非常合理的技巧。

當人不斷從各種感官輸入資訊時，記憶就會被逐漸增強。也就是說，不僅透過視覺，若還能透過聽覺不斷輸入資訊，記憶力就會提升。

語言能力當中，像閱讀與聽力這些輸入方面的能力，尤其具有相互影響的關係。所以訓練聽力的話，還能加強閱讀能力。

由此可知，腦部運作機制也告訴了我們，從聽覺著手是很有道理，且能替腦部帶來正面的影響。

耳聽學習法，人人都可輕鬆實踐

與鍛鍊眼睛或身體相比，鍛鍊聽覺其實更加容易。例如：學習速讀時，必須針對眼睛移動方式等進行某種程度的訓練，相較之下，聽覺便顯得極有彈性，幾乎不必進行任何訓練。因為聽覺本來就是掌管語言的器官，這也是它的一大特徵。

耳聽學習法實踐者的心得分享

我所經營的公司Otobank，旗下經營日本最大的有聲書平臺audiobook.jp。因此我們時常收到耳聽學習法實踐者分享的心得。以下介紹其中一部分：

M．R（四十歲．男性．管理職）

我都在通勤的時候聽。雖然單程只有短短二十分鐘，不過假日就能聽得比較久，所以一個禮拜也能消化四至五小時（一冊以上）的有聲書。聽有聲書可以有益專注力的提升，在早上聽的話能讓我在全力集中的狀態下開始工作。

T・K（三十歲・男性・行政職）

我通常是在開車時聽，已經變成習慣了。搭電車或公車的人可以看書，但開車的人不可能也這樣。我們小地方跟大眾交通發達的都市不同，日常通勤或工作時都必須開車。因為開車時間又很長，所以我就想好好利用一下，後來發現了有聲書，現在已經不能沒有它了。

H・I（二十歲・男性・行政職）

我通勤時要花大概四十分鐘，所以每次都聽得很盡興。平時都用眼過度，像這樣不會讓眼睛疲勞又能吸收資訊的有聲書，我覺得很棒。我本來手上就有築山節[2]的書，後來又買了有聲版本，兩者雖然內容相同，但有趣的是，紙本書跟有聲書讓人留下深刻印象的部分卻很不一樣。

看書時，通常有的只是大致瀏覽，有興趣的地方才會仔細的看，閱讀的密度是不一致的；有聲書的話，因為難以用瀏覽的方式，花的時間很固定，所以反而常讓我發現，原來以前走馬看花的地方寫了這樣的內容啊！

Y．K（三十歲．男性．學生）

我每天大概會聽三至四小時。外食排隊等的空檔，都可以拿出

2. 日本大學醫學研究所醫學博士，為腦神經外科專業醫師、知名作家。

來聽，非常方便。書籍的話，通常只會看一遍而已，不過有聲書的話，聽幾遍也不會累，所以有時會重複聽七、八遍。聽多了，自然就記起來了。

我其實也喜歡看書，但提不起勁時就聽聽有聲書，隨它播放，放鬆的聆聽，聽完之後就會覺得好像恢復精神了。

Y．S（五十歲．女性．兼職）

以前我常會藉口說沒時間所以沒辦法看書，後來發現原來用耳朵也可以讀書，就一直很喜歡這個新方法。而且很棒的是，可以反覆聽到自己滿意為止，還不必擔心視力衰退的問題。期待以後可以讀到更多不同領域的好書。

各位看了覺得如何呢？沒錯，實踐耳聽學習法後，生活也會變得煥然一新。

接下來，就趕快來深入了解耳聽學習法，一起進入全新的學習天地吧！

第一章

從聽覺開創的嶄新學習法——「耳聽學習法」

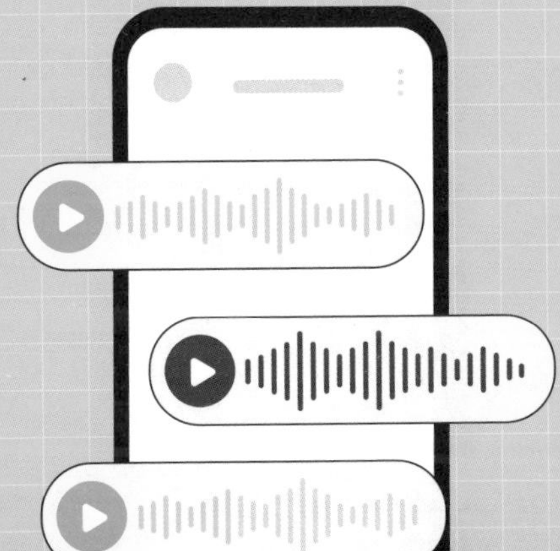

人類誕生後的約五百萬年期間，長久的歲月中，

我們都是以「口傳」為基礎一路學習而來。

「人九成看外表」，學習也是視覺定九成嗎？

首先，必須提一下關於腦部的研究，如果覺得太艱澀、沒興趣的話，也可以直接跳到本章後半，從〈靠耳聽學習法考上東大〉處繼續閱讀。

當外部資訊要輸入我們的腦部時，你認為視覺跟聽覺何者比較重要呢？有實驗結果發現，在一般情況下，人的認知中來自視覺的資訊占百分之八十三、聽覺占百分之十一。所以我們才會說人類是一種「視覺動物」。

此外，美國心理學家艾伯特．麥拉賓（Albert Mehrabian）也提出，人在對另一人進行判斷時，百分之七靠語言（Verbal）、百分之三十八靠聽覺（Vocal）、百分之五十五靠視覺（Visual）；竹內一郎的著作《人九成看外表》也提到，人的判斷有九成是依據外表等非語言交流的方式。

意思就是說，**我們所獲得的資訊幾乎都是從視覺而來的**。由於這樣的理論一直不斷被提出，所以也讓很多人開始認為視覺比聽覺重要。

其實這麼說也是有其道理，因為當我們想將眼睛看到的事物，利用語言完整描述給別人聽時，就算再怎麼努力，還是難以做到。從圖片或影片獲得的資訊，如果想要一絲不漏的傳達出去，就只能原原本本的拿給別人看，別無它法。

不過這個道理在「學習」這件事上就不適用了。因為「學習」

主要使用的是「語言」。人的一切思考都是透過「語言」進行，沒有人是例外的。也就是說，「語言」對我們人類而言是非常特別的存在。

語言與聽覺密不可分

小時候的我們，在學習識字之前，就已經先學會語言、懂得說話了。**用文字來表現以聲音呈現的語言，是在後來才被開發出來進行記錄用的。**

其實在我們的大腦內，語言與耳朵有著極密切的關係。

聽覺是一種處理聲音資訊的感官。只看這句話，會讓人以為聽覺只與聲音資訊有關，事實卻非如此。聽覺的確會將耳朵收到的聲音資訊輸入腦部，但在我們的腦內，聽覺處理的不僅是聲音資訊，還有其他更多的訊息。

人類的大腦內負責聽覺的部分稱為「聽覺區」。

進入耳朵的聲音資訊，會先在聽覺區進行處理，待聲音的類型被區分出來之後，再移往下一個處理程序。

因為所謂的聲音其實有各式各樣，例如：歌唱或演奏等音樂；瀑布聲或鳥鳴聲、風聲等自然界的聲音；電視或收音機等傳來的對話等。負責處理這種種資訊的就是聽覺區。

其中有個特別值得注意的聲音，就是對話。不管是來自電視或收音機，**對話都會先在聽覺區進行處理**。

這代表什麼意思呢？就是聽覺區會處理跟「語言」有關的資訊。也因為這個特徵，聽覺區便與「思考」的行為產生關聯。

沒有語言就沒有思考

我們使用語言的目的是為了思考事物。假如缺乏語言，思考這件事就會變得極為困難。這兩者的關係，透過以下的小測驗將有助於理解。現在請各位回答我提出的問題。

「現在你正在哪裡看書呢？」

在自己的房間？在車上？還是公司裡？

答案可能有各式各樣，但在針對這個問題思考、回答時，你都已使用某些語言或文字去表現了。這就是我所說的，思考時會使用語言。

假如不使用語言進行思考，要回答問題就很困難了。再舉個例來說，當我們想透過繪畫表現時，在思考要畫些什麼的當下，就已經使用了語言。所以說，**缺乏語言，便難以進行思考**。我們會使用語言去定義、思考各種事物，像是這本書的原稿我是用電腦寫的，當我要將這件事向各位說明時，「電腦」這個語言的定義就必須與各位共同擁有。我們就是如此以語言掌握這個世界、進行思考，如此將自己的想法傳遞給別人。

以語言思考時，聽覺也會運作

各位在思考如何回答我前面的問題時，是不是像這樣：在腦海中一邊發出聲音一邊思考呢？「問我在哪裡看書嗎？現在是坐在家裡客廳沙發上。」應該是像這樣在心中自言自語吧！

這裡的自言自語並沒有發出聲音，而是像在腦海中朗讀的感覺。同樣的情形，也可能發生在安靜的看著文件或書籍時，或是像此刻看著這本書的時候。**這種「想像自我聲音的現象」**便稱為「音韻表徵」。當出現音韻表徵的現象時，腦中是在進行什麼樣的活動呢？可整理出如下的流程。

【音韻表徵的流程】

①眼睛看到文字。
②透過腦內視覺區理解文字資訊。
③在聽覺區，文字資訊被轉換為聲音（進行音韻表徵）。
④在語言區，聲音被處理成語言資訊。

這裡的視覺區、語言區是還未進行說明的詞彙。大腦內掌管視覺的部分即稱為視覺區、掌管語言的部分稱為語言區。當然還可以再精密細分，不過大約有這樣一個「簡單概念」就可以了。

這裡有個特徵，**文字資訊一旦被轉換為聲音資訊，就會被當成語言資訊處理**。

也就是說，聲音被認知成了語言。如果只有文字資訊，是不會成為語言的。必須有聲音，語言才能成立。為什麼呢？要說明這點，就必須思考我們是如何掌握語言的。

我們都是從聽覺掌握語言

我們都是如何理解語言、如何學會說話呢？語言能力是與生俱來的嗎？

剛誕生的嬰兒不會說話，所以祕密就藏在嬰兒學習語言的過程中。

我們在嬰兒時期，會聽到爸爸或媽媽說的許多話。嬰兒沉浸在大量的語言當中，腦部會逐漸學習，進而開始使用語言。此時嬰兒的大腦內，聽到的語言聲音資訊會在聽覺區進行處理，再由語言區理解該語言，學習開口說話所需的資訊。

此處有一點希望各位了解，亦即語言是透過聲音被掌握、理解然後說出來。**語言是被當成聲音資訊在腦內進行處理的。**

前面提過，我們在思考某事或閱讀時會使用語言。由於語言必須被當成聲音資訊在腦部進行處理，所以當我們在使用語言時，就會無意識的進行音韻表徵。

也就是說，當在思考某件事或閱讀某本書時，音韻表徵就會被進行。此時如同前面提到的流程，是聽覺區在運作。由此可知，聽覺與「思考」的行為是密不可分的。

聽覺對學習極為重要

在此統整前面的重點。

我們在學習時，會透過五感將外界資訊輸入大腦，不過在之後的資訊記憶或輸出方面，則是以語言進行思考。因此聽覺是不可或缺的。

聽覺不僅被運用在資訊輸入上，更與我們的思考有著密切的關係。從這個角度來看便可發現，聽覺在我們學習時有多麼重要。

語言比文字的歷史更悠久

「利用耳朵學習的實用性與重要性，以及有效進行的方法」，是本書要與各位分享的內容，不過其實這些內容並非新發現，我也不是第一個提出的人。

從很久以前人們就知道這些事實，只是沒特別提出證據證明，或是有系統的對外發表。

通常人要向對方表達自己的想法時，會有兩種方式：一是利用肢體或表情等非語言的溝通方式，二是透過對話或文字等的語言溝通方式。在「學習」的觀點上重視的是後者，其實兩者中歷史較悠久的也是後者的對話（聲音語言）。文字發明在距今約五千年前，但在**人類誕生後的約五百萬年期間，長久的歲月中，我們都是以「口傳」為基礎一路學習而來**。

直到文字這個方便的語言表現方式（記號）出現之後，在學習時，文字才開始受到重用。不過由於沒有文字的民族或是不懂文字的族群還是存在，所以口傳依舊扮演著重要的角色。

至於已經擁有文字的民族或是識字的族群，也有紀錄顯示，他們在學習時會同時使用文字與聲音。

例如：江戶時代的求學機構寺子屋，為了提高學生的理解能力，特別推崇反覆朗讀《論語》等古籍。可見當時就算沒有科學的根據，人們仍然意識到利用耳朵聆聽、學習是個有效的方法。

進入現代之後，重視聲音的學習法主要被運用在語言學習領域中。在日本，學習英語時，聽力訓練用的聲音教材已是必備。本書的各位讀者，應該也曾在英語課或英語測驗時，一邊聽著播放的聲音、一邊學習或解題吧？

學習語言時，最有效的方法就是模仿母語話者的腔調，也就是所謂的「跟讀法」。因為經證實，盡量讓發聲方式或發音接近母語話者，可提升語言的學習速度。

在日本和其他許多國家，也都使用這個方法來訓練同步口譯的人才。此外，也有統計學的研究報告顯示，跟讀法進行五次，可產生同比例的效果。

如上所述，歷史上耳聽學習法的效果早已被發現，並已在世界各地被廣為採用。

不過換個角度看，也等於是說「長年以來的發展都停留在這種程度而已」。為什麼呢？因為**近年來人們才慢慢意識到，除了學習之外，耳聽學習法在其他領域也能發揮成效**。

無論在母語方面（以我來說即為日語），或在語言學以外的科目上、在學校之外的其他學習場合上，耳聽學習法的優異效果（理由將在之後說明），終於逐漸被看見了。

靠耳聽學習法考上東大

我是在約二十五年前，親身感受到耳聽學習法的效果的，當時我還是十幾歲的考生。

如同〈前言〉提過的，我在高中三年級時，學力偏差值只有三十。這種成績別說大學了，連高中都可能畢不了業。所以當時的我根本考不上任何一所大學。

但後來在某個契機下，卻讓我毅然決定以東京大學為目標，這部分由於會偏離本書主題，所以細節暫且不談。總之，重考兩次後，我真的考上了，而那時我用的方法正是本書的主題——耳聽學習法。接下來就為各位分享這個方法。

第一步，就是要先看清楚自己的敵人，所以我先買下了東大的考古題庫（綠本系列）。

不過當然完全看不懂。

「如果寫的是現代文應該沒問題吧，畢竟是日文啊！」我邊想邊翻找現代文的篇章。因為我從小就愛看書，高中還當過圖書委員，又天真的以為現代文考題的解答就是寫寫讀書心得而已吧！

想不到，考題中的文章或題目我竟然全部無法理解。讓我啞口無言，終於看清了事實。

那時要是我因束手無策而心灰意冷，應該早就完了。

但是就在我進入第二步驟後，開始看見一線曙光。當我懷著祈禱的心情慢慢把題目念出來後，發現好像比以前看得懂了。

於是我越來越上手，不斷的重複念，直到同一處念了約一百遍之後，覺得自己理解得更深入了。

除了解讀力變好，連文章的閱讀速度也突飛猛進。

「也許有機會考上！」

當我這麼想的瞬間，彷彿在黑暗中射進了一線光亮。

如果念過度念到連聲音都沙啞了，我便會換個方法，就是「利用音韻表徵，有意識的在腦海中出聲默念」。因為持續進行之後，我的身體也逐漸知道這個方法可獲得與念出聲相同的效果。**這個方法是我學習的基礎，由於它沒有名字，所以我稱之為默讀。**

持續一段時間後，我已經能解開聯考程度的現代文考古題了。

後來我去上了升學衝刺班，一心只想把自己逼到無路可退。在逐漸進步之下，我連超難考的大學出的試題也能過關了。

於是我又使用同樣的策略進攻古文及漢文，最後國文科目全被我擺平了。背後支撐起這一切的原動力，正是念出聲音這個方法。

在背誦科目上大顯身手

「利用聽覺（耳朵）把資訊輸入進來時，我的學習效率好像就會提升。」

得到這個結論的我，連國文以外的其他所有科目也做了默讀（後來我才知道原來這個方法對很多人都有效）。

在所有科目中，讓我立刻就感受到效果的就是需要熟背的社會科目，例如：歷史、地理等。我將教科書或參考書寫的內容重頭到尾，不斷進行默讀，而且每天持續。

後來我又想出一個新方法，就是把自己念書的聲音錄進當時流行的ＭＤ中，然後循環播放。這樣一來，就可以在走路或搭車等外出的時候，用隨身聽來聽了。

尤其是世界史，因為常考「請將○○帝國創立至滅亡的歷史，在○○字以內說明」這類的論述題，所以我錄的內容除了教科書或參考書中的文章外，也會把考古題和自我設想題的答案錄音下來，邊聽邊記憶。如此一來，就能將各種破題的歷史典故都牢牢記起來了。

如果周圍沒有人，環境也允許發出聲音的話，我就會運用語言學習的跟讀法，讓自己聽到自己的聲音，把完全相同的內容即刻說出來。

極其適合語言學習

耳聽學習法非常適用在語言學習，所以我在學英語時，也會澈底運用聽覺。

當時耳聽學習法的知識已經被確立，因此我決定先從「NHK廣播英語會話」的入門篇著手。我的方法不是先讀理論，而是先憑感覺去理解英語的特徵及與日語的差異。我不斷的聽英語會話及文章、不斷的誦讀，持續一段時間後，雖然意思還不能百分之百掌握，但已漸漸理解其中的規則。

之後教科書及參考書上寫的文法等系統，我也都利用誦讀一一學習。開頭是主詞，接著是動詞……，像這類與順序有關的規則，我都利用條理性記起來。由於已先透過聲音讓身體習慣英語的節奏與次序，所以一下子就裝進我的腦袋了。

其實這個方法最能發揮的地方，是在解析文法錯誤的題型。例如問：「請問本篇文章中何處有誤？」當遇到這類考題時，我立刻就能發現單字排列順序哪裡不對。因為**透過聲音記住英語的節奏後，要是出現不合拍的地方，身體的雷達就會靈敏的察覺出不對勁。**

我就是以這種方式，從聲音著手，再將聲音與文字併用，最後掌握住英語的語感。

在學習英語的過程中，我深切覺得「沒有聲音就不可能學好英語」。不在乎英語的道地發音，只從字面學習的話，背起來的往往只是所謂的「片假名式英語」。

例如：水果中的蘋果，英語是「Apple」，母語者的發音是類似

「エアポォ」（羅馬拼音為 eapo。）。

但日本的片假名英語發音卻是「アップル」（羅馬拼音為 apuru），沒有一個英語系國家人士會這樣發音。重點就在於第一個字「a」，它並不是「ア」，正確應該是「介於ア與エ之間的發音」。知名的 IT 產業 Apple 已習慣被念為「アップル」，但那只是一種固有名詞的特例，必須和英語學習上的正確單字發音分開思考。

水的 water 也是相同，片假名英語念「ウォーター」（羅馬拼音為 wota），但正確發音其實是「ワァラ」（羅馬拼音為 wara）。

當背起來的發音跟其他人說出來的發音不同時，自己就不會意識到兩者是同一單字。所以使用片假名式英語的人，在聽到正確發音的英語單字時就無法理解，結果當然聽力也無法進步。

其實一開始時，我也因為讀片假名式英語所以失敗了。後來我認清自己完全沒進步的事實，硬著頭皮改用跟讀法模仿，努力慢慢熟悉正確發音。

在剛開始練習時，就跟藝人ルー大柴他那獨特的日式英語般，誇張的程度連自己都想發笑。但是後來我記住了音標規則，即使是第一次看到的單字，也能憑音標發出貼近母語者的發音了。

之後我又發現有個類似發音矯正學校的地方，可以讓非英語系國家人士訓練正確發音，所以我取得了他們出版的學習書籍《The Jingles》，矯正自己的發音，進一步提升自己的發音技巧。

最後我的程度大為提升，無論是二手書店買來的東大英語課專用教科書，或是美國新聞雜誌《新聞週刊》（*Newsweek*）的英語網站，我都能順暢無礙的閱讀。觀賞英語配音的電影時也不必再靠字幕，就連當時被稱為大學英語測驗的大魔王——慶應義塾大學湘南藤澤校區（SFC），我也通過他們的全英語測驗了。

這一切都是我活用聽覺之後真實經歷的故事。

理科也適用的耳聽學習法

前面提到的國文、社會、英語，都算是文科的科目。
那麼數學或理科等理組科目，耳聽學習法應該就不適用了吧？
答案是「錯了」。因為學習理科時，聽覺也能扮演重要的角色。
我當年的志願雖是文科，但要考上東大仍必須準備理科。所以
即使我再不擅長、不喜歡，還是得拿到一定的分數。這對我來說，
跟順利突破的現代文完全不同，是個不可能的任務。
雖然我在重考兩年之後終於考上東大，但其實在高三及重考第

一年時，我都慘敗在理組科目，尤其是數學。直到重考第二年，我才終於想到「數學也能靠聲音拯救嗎？」並且找到了答案。

拯救的祕訣就是讀算式。

算式越複雜，越讓人不知道該以什麼順序讀起。因為仔細想想，以前學校或補習班的老師，每個人對算式的讀法都不同。

尤其印象最深刻的是高三的數學老師，人好，教得也好，很受歡迎。連上課內容幾乎都聽不懂的我，也很喜歡那位老師。

老師有個特色，就是說明時一定會用「候給候給」這個謎樣的字眼[1]，比如：在黑板上邊寫算式邊說：「候給候給的候給候給呢，就是因為候給候給，所以變成候給候給了。」不管是出現分數或括號（）、根號√，甚至連計算微積分時，他都不會使用準確的日語來念。

1. 沒特殊意思的發音。

就算是個好老師，但一直用「候給候給」會妨礙學生理解吧？

重考第二年的我一直對這件事抱持著疑問，也開始注意起算式的正確讀法。

然後我發現日語有個特徵，也可以說是弱點。

例如：像「1＋1＝2」這樣簡單的算式，誰都可以毫無困難的讀出來。

但如果進階到分數，難度就變高了。例如「1 1/5」，會讀成「一又五分之一」，也就是分數的部分是由下往上讀，形成一種「特殊規則」。

而英語的讀法則是依排列順序（分數部分由上往下），也就是讀成「**one and one fifth**」，明顯可看出英語的讀法比較容易理解。

英語系國家的數學教育較為先進，美國在一九八三年即已出版公式的讀法指南，加州大學教授羅倫斯・張（Lawrence A. Chang）寫過一本《數學讀法指南》（*Handbook for Spoken*

Mathematics），這是針對教師提供的指導要領，只要依所寫的規則去讀，就能幫助學生順利理解。但在日本教育界卻缺乏類似的手冊，因為聲音向來就不被重視。

在分數階段，日語就存在這種問題了，那麼可想而知，當算式越來越複雜，學生就越來越容易混亂。就像當√下出現√時，就會有人問：「這到底要怎麼讀？」

進階到微積分時，算式就更精采了，加上老師們的讀法都不同，還有會讀成「候給候給」的老師，所以基礎不穩固的文科腦袋會無法理解也是當然的了。

經歷了如此的過程，我便心想：「我一定要學會依照規則讀出算式，只要學會了，相信就能提高理解能力。」

東大數學經常考證明公式的題目，而且通常有理可循，例如：A＝B、B＝C、C＝D，所以D＝A，像這樣一個點接一個接，最後連成一條線，到最後就能得出解答。

數學屬於邏輯性知識，邏輯一定能以文字表現。所以再複雜的算式也一定能用聲音讀出來！

因此我將**數學也要全部誦讀**這件事當成自己的義務，後來成績很快就進步了。

善用手機或電腦，就能輕鬆實行

在我埋頭準備考試的那年，除了英語之外，其實也存在其他的聲音教材，例如：語學春秋社的「實況轉播系列」，它是種耳聽學習法的工具，將熱門補習班講師的上課情形錄成CD販售，讓人用聽的就可以上課。

不過有個缺點，就是無法涵蓋上課內容以外的範圍，而且也不是針對背誦設計的內容。

於是我就自己動手做了。「既然沒有就自己做」這種高中生才有的天真想法，反而在後來立了大功。

現代社會的常識已經改變，「利用聲音學習的實用性」已受到某種程度的認同，也有企業創立了考生專用的有聲教材事業，不過最早將這知識系統化且大力推動的，其實正是我。

為了讓更多人了解，我不斷努力至今。因此對於運用聲音的教育，我懷抱的心情也格外與眾不同。

雖然 Otobank 一直在增加有聲教材的陣容，但還是遠遠不夠。「將所有教材有聲化」是我的一份理想，但仍然無法完全實現。

如同前面提到的數學公式，在比日本先進的英語系國家中，早存在了以聲音為主的教育課程；對閱讀障礙症（智力正常但讀寫困難的一種疾病）十分了解的美國，還有閱讀障礙專屬的班級和教科書。

總而言之，許多英語系國家都比日本進步太多了。

所以如何讓耳聽學習法成為一種既定文化，是日本往後的一大課題。希望學校、補習班、考前衝刺班、出版社、教材公司等能互相合作，打造出一個全新的教育環境。

教科書上寫的內容，一直重讀的話很辛苦，但一直重聽就輕鬆多了。而且在背誦科目及語學方面還有助提升效率，可說是一舉兩得。

學習沒那麼辛苦了，心情就會比較放鬆，這對考生情緒上的影響難以估計。除了針對考試外，平時學校的課程也適用有聲教學，當然 TOEIC 或英檢等也很適合。

由於目前的有聲教材還不算完備，所以在使用市售有聲教材的同時，也可以像我在考生時代那般使用自己製作的有聲教材。以前不能沒有卡帶或 MD，現在則只要有手機或電腦，任何人都可以簡單的把自己的聲音錄進語音備忘錄中。而且播放功能也變得更強大了。例如：audiobook.jp 的 App（應用程式），除了有倒轉十秒的播放功能，也有調整播放速度（〇．五倍速至四倍速）的功能。所以學習語言時可隨時選擇稍微倒轉確認，也可選擇慢慢播放仔細聆聽，或是反過來用倍速以上的速度播放，達到快速閱讀的效果。隨著功能完備的裝置及服務日漸增加，我們已經可以選擇最適合自己的方法輕鬆學習了，這真是個多麼美好的時代啊！

教育之外的學習天地也無比適用

除了教育，在其他的學習範疇中，耳聽學習法也能發揮奇效。

例如：司法考試及公認會計師考試等的國家考試。
國家資格以外的各種資格考試或檢定測驗。
民間企業的面試測驗及公務員的錄用測驗等就職測驗。
公司內或組織內的升職測驗或升等測驗。

以上每一個都非常適用耳聽學習法。背誦及語學的比重越高，效果就越強大。

audiobook.jp 也曾將一整本的社會保險勞務師考試的參考書有聲書化，並且獲得了相當的支持。

不過也常有人問：「駕照、醫師執照這種必須看到畫面的資格證或許可證考試，耳聽學習法的效果就不大了吧？」

我並不這麼認為。

因為就算必須呈現畫面，但如果畫面的內容不能透過聲音（語言）表現，便無法百分之百理解。也就是說，如果視覺要素是必須被理解的話，那麼同時它也必須是能以口頭說明的。

例如：當醫師被提問：「心臟在哪裡呢？」此時就必須交叉各種說明讓人簡單易懂，否則就稱不上擁有專業知識，像是先舉出身體表面上被當成說明基準的部位，再說明與該部位的距離關係（前後左右的長度、深度等），還有周圍分布的內臟器官及骨骼名稱等。

太曖昧的說明或只是伸手一指說：「大概在這裡。」這種回答就不值得討論了。不管多麼重要的畫面，在向他人傳達時，腦海中浮現的影像一定已轉換成聲音，既然是專家，就要能以語言正確的說明位置。

所以必須呈現影像畫面的知識類型，我認為耳聽學習法也是很有效的。

反過來說，這其實也代表如果試著將畫面及影像語言化，將更可加深理解。假如缺乏聲音教材，也可以自己寫稿子錄音下來。這樣不僅能有效吸收該類的專業知識，還能提升國文能力、加強說明能力，形成良好的循環。

其實有聲書的世界也是日新月異、品質不斷躍升，逐漸能因應那些必須呈現畫面的內容了。

像是以圖畫為主的繪本、必須透過圖表說明的商業書等，也已經引進一種系統，可以在播放文字朗讀聲音的同時，在設備畫面上呈現該處的繪畫或圖表。

將來或許也會出現附有圖像、適合駕照，以及醫師執照考試的有聲書。

下次在進行某項學習時，別忘了想想如何善用聽覺。擁有耳聽學習法的觀點，將可幫助你更有效率的學習。開拓你的視野，就能開拓你的無限可能。

第二章

從腦科學破解！為何耳聽學習法那麼有效？

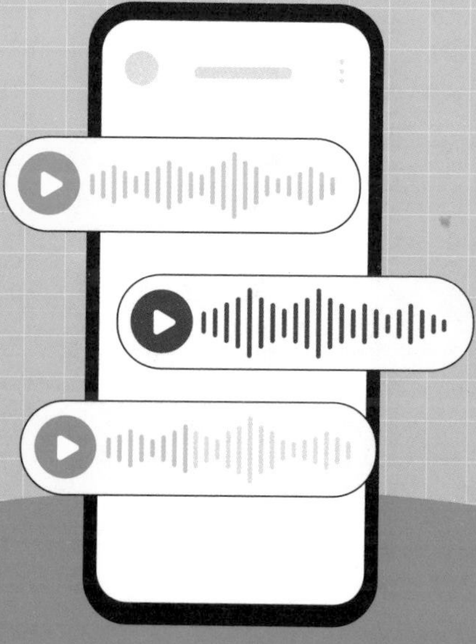

相對於運用視覺來閱讀資訊，

用耳朵「聽」，並進而理解，對腦部負擔更小。

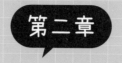

用聽的理解，腦部更沒負擔

在前面章節，主要是從我的經驗介紹耳聽學習法的效果。不過我還未向各位提出佐證說明。

因此從這章開始，我會將尚未公開發表的論文及資料等證據提供給大家，讓我的主張更具說服力。

首先，有個大前提希望各位能夠了解，用眼睛讀取文字來理解，跟用耳朵聽聲音來理解，相較之下，前者會帶給腦部較大的負擔。以下就把一般的讀書方式和用有聲書以耳朵讀書的方式，兩者做個清楚的比較。

一般的讀書方式會經過三道程序，即①用眼睛讀文字。②在腦中將文字轉換成聲音（音韻表徵）。③理解語言，最後內容便輸入大腦。

相對的，有聲書的話，由於不需要①及②的程序，所以只要將剩下的一個程序完成，就能獲得相同的效果。也就是說，**只將用眼睛讀文字這個過程完全省略，就能減輕腦部的負擔。**

讀書使腦部負擔變大

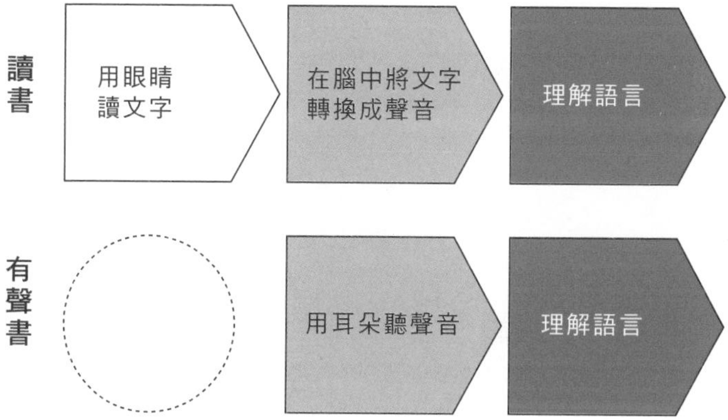

讀書時無法做其他的事，但聽有聲書時卻可邊聽邊走路、邊運動、邊開車或邊做其他的事，也就是可以「隨時隨地聽」。因為①及②的程序消失了，腦部有多餘的資源，所以才能夠實現。

接著，以腦科學的觀點來說明。

聽與讀使用的大腦區域不同

二〇〇四年，腦科學家陶德等人的論文發表了以下研究結果。

論文中的調查方式並非採取人體解剖，而是利用可測得腦部活動狀況的 fMRI 進行調查，比較眼睛閱讀文章時（Reading）以及耳朵聆聽文章時（Listening）兩者在腦部運作上的變化。結果顯示，掌管語言理解、表現的語言區，在兩者進行時都變得活躍；另一方面，與文字認知相關的視覺區則在前者（Reading）時較活躍。

用耳朵聽文章時，右腦與左腦的初級聽覺區顳上回、顳下回會變得活躍。顳上回掌管聽覺方面的功能，其中，左腦的顳上回又包含了感覺性語言區韋尼克區；至於顳下回，則包含了運動性語言區布洛卡區。

如果以眼睛閱讀文章，則左腦的角回、緣上回、梭狀回、顳下回，右腦與左腦的顳上回會變得活躍。來自視覺的文字，是由角回、緣上回、梭狀回這三個部位負責認知處理。

兩者進行比較的話，顳下回、顳上回都一樣會變得活躍。

這篇論文要表達的是，閱讀力與聽力雖然乍看之下皆是一種語言能力，但在閱讀力方面，運作活躍的是與文字認知有關的腦部區域。此外，無論是從眼睛或是從耳朵輸入，語言區及聽覺區都會出現活動現象。也就是說，閱讀力與聽力雖然被統稱為語言能力，事實上是不同的能力。不過也並非是兩種截然不同的能力，因為閱讀力與聽力的關係是非常密切的。

聽力與閱讀力的腦部活躍區域不同

聆聽後變活躍的大腦部位

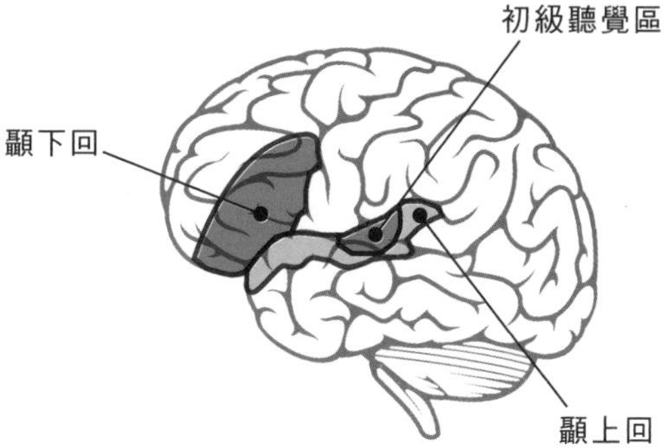

閱讀後變活躍的大腦部位

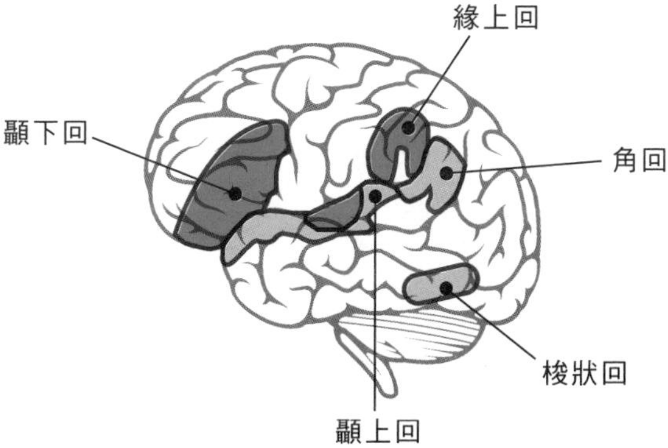

閱讀能力必須經過學習

閱讀（閱讀文字後理解語言）的行為，並不是與生俱來的能力。相對的，聽（聽聲音後理解語言）這個行為，卻是天生就會的。與透過聲音溝通的歷史比起來，文字的歷史顯得極短，因為「閱讀並非源自遺傳基因的能力」，所以形成了兩者的差異。

透過聲音的溝通行為，是我們的腦部在進化過程中必然的產物，例如：鳥或海豚等皆是如此。至於文字，則是距今僅約五千年前，為了傳達語言而發明的工具，所以大腦並沒有被烙印它的使用方法。

例如：邁克・波斯納（Michael I. Posner）等認知神經科學家的研究認為，「文字與聲音的對應，是腦部回路的一種應用，也就是為物體命名。」狄漢（Stanislas Dehaene）的研究也指出，「解讀漢字的能力，是掌管物體認知的梭狀回回路發揮作用而來。」所以閱讀能力必須經過學習才能獲得，這也是它與聽力的一大差異。

【閱讀時的腦部運作】

①看見單字。
②透過左右腦的視覺區，進行認知。
③透過左右腦的視覺聯合區，認知文字的形狀。
④透過左腦的梭狀回，認知為語言。
⑤透過左右腦的初級聽覺區、左腦的韋尼克區、布洛卡區，讓語言變換為聲音（進行音韻表徵）。

⑥透過左右腦的初級聽覺區、顳葉聯合區、顳下回，理解文章。

這一連串的運作，已獲得邁克·波斯納等認知神經科學家的研究證實。

只聽聲音的話，只要經過程序⑤、⑥即可理解語言，但若使用文字的話，大腦就必須經過①～④的過程。這個新程序並非我們的腦部本來就具備的，而是學習得來的。

我們如果不識字，就會覺得那只是某種圖案、形狀。文章也是，如果我們不知道文章是文字依一定的規則排列而成，就會覺得那只是成排的線條罷了。

看見文字的人，腦中的初級視覺區會對圖像進行認知，視覺聯合區中對應圓形或線條等特定形狀的神經元會產生反應。這些都是我們大腦原本就具備的機能。之後，這些線條或圓形所組成的形狀，會在梭狀回認知為有意義的文字，接著在初級聽覺區、韋尼克區、布洛卡區將文字變換為聲音（音韻表徵）；變成聲音的文字、語言、文章，會在顳葉聯合區、顳下回進行語意理解。

還未識字的小孩，在出生後五年間，會慢慢學習文字與聲音的對應，還有構成語言的聲音結構與文法。剛開始時，由於對會話的理解不足，所以結結巴巴說不出話，但等到大腦的神經元回路變發達，處理速度就會不斷加速，一看到文字與文字的排列就能自動轉換為聲音了。

詞彙變多後，就能流暢的閱讀文章，而且不只是閱讀，還能在閱讀的同時進行思考，也就是養成解讀能力。

這樣的過程就是①至⑥腦部區域（腦內的初級視覺區、視覺聯合區、梭狀回、初級聽覺區、韋尼克區、布洛卡區、顳葉聯合區、顳下回）的神經元所進行的連結過程。

因此所謂大腦在「學習閱讀」其實就是指，把聲音記憶起來的語言跟文字概念相結合罷了。所以若說閱讀力來自聽力，一點也不

聽力對腦部的負擔較少

聆聽後變活躍的大腦部位

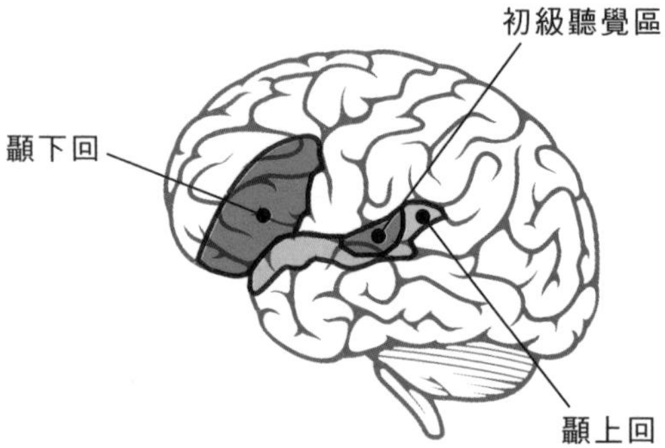

閱讀後變活躍的大腦部位

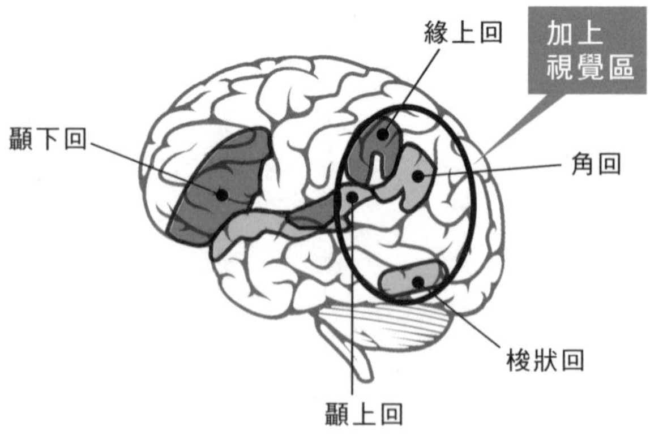

為過。

這些說明中，我想強調的重點是，**未使用視覺區的聽力，會使腦部的負擔較小，也較不容易疲累**。閱讀是一項視覺區、聽覺區、語言區必須總動員、全力集中的工作。以電腦為例的話，就等於是CPU、記憶體都被百分之百使用，呈現超負荷的狀態，所以當然無法進行閱讀以外的任何工作。但是如果改成只用耳朵聽，由於不需要音韻表徵，負擔就能一口氣減輕。因此我們才能邊走路邊聽有聲書，甚至是「隨時隨地聽」。

「邊聽邊讀」，解讀效果加倍

「聽」對腦部造成的負擔比「閱讀」小，而且經證實還具有強**化腦部機能的功效**。

大腦學校企業負責人，同時也是腦部科學家的加藤俊德，在他監修進行的實驗中，得到以下的結論。

實驗中，請八名大學生每天聽收音機兩個小時以上，連續一個月，再針對前後的 MRI 影像進行比對分析，結果得知，所有學生的「圖像記憶力」皆獲得加強，八名中有四名「聽力」獲得增強。

雖然這個實驗使用的是收音機，但有聲書等當然也被認為具有相同效果。**「聽」的行為，確實是能促進腦部成長的**。

關於耳聽學習法的有效性，其實還有其他許多的證明。

美國「資訊科學技術協會」（The Association for Information Science and Technology），曾針對視覺（文字）與聽覺（聲音）的解讀效果進行比較實驗，並在二〇一九年發表的相關論文中提出兩點證明，亦即①聽聲音所帶來的解讀效果，比閱讀文字的效果更好。②兩者同時進行所帶來的解讀效果，比各自單獨進行的效果更好。

論文最後的結論則是，**從解讀效果的角度來看，非常推薦在聽有聲書的同時採取新的讀書型態，例如：VR（虛擬實境）讀書、AR（擴增實境）讀書等**。

另外，德州A&M大學的研究團隊也在二〇二〇年發表了值得玩味的論文，這次他們的實驗對象是針對有閱讀障礙的小學生。

聽力可強化腦部機能

結果 1 強化「圖像記憶力」

全員8名，腦部掌管圖像記憶的右側記憶類區域皆出現成長。活性區域擴大最大至2.4倍。

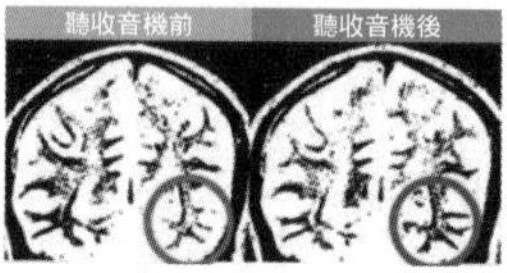

結果 2 強化「聽力」

8名中有4名，腦部掌管聽力的左側聽覺類區域出現成長。活性區域擴大最大至2倍。

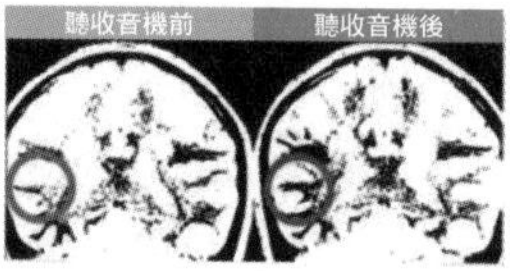

實驗證明，
「聽收音機」的行為可對腦部成長帶來幫助。

該研究團隊指出，在二〇〇〇年至二〇一九年這二十年間，針對被認定有閱讀障礙的小學生進行朗讀練習後，許多學生的解讀力都因此提升。也就是說，邊聽有聲書邊看實體書，比只讀書的時候解讀力更高。

這就是一種裝上輔助輪的讀書方式。因為大腦不必再將眼睛看到的文字轉換為聲音（音韻表徵），所以才會形成這種現象，最後解讀力會持續提升，直到不再需要輔助輪為止。

除了眼睛之外，如果也能利用耳朵吸收資訊，那麼國語能力及思考能力等人的生存所需的基礎能力就會不斷強化。

此外，在學習英語等第二語言時，也有無數證據證明，要養成所謂 Reading Fluency（流暢閱讀的能力），邊讀邊聽是個很有效的辦法。

例如：順天堂大學講師磯崎アンナ在二〇一八年發表的論文，以及臺灣醒吾科技大學研究者在二〇〇九年發表的論文，都曾提及這個事實。

若想提升閱讀能力，與其埋頭苦讀文章，不如一邊聽該篇文章的聲音、一邊閱讀，會來得更有效，這實在是很有趣的現象。

而且這並非只適用於外語，同樣也適用自己的母語。

耳聽學習法也是種失智症預防訓練？

耳聽學習法帶來的效果及優點，其實還有很多。在本章最後要跟各位介紹它的失智症預防訓練效果，已有許多論文發表證明了此點，之後也會跟各位說明。

其實即使不提失智症預防效果，我仍由衷希望銀髮族能慢慢接觸有聲書。因為既不必特地跑去上進修班，也不會像看文字或影像般過度使用眼睛，是很適合終生學習的選擇。

盲眼人士的溝通手段中，以點字最為人所知，不過點字須依靠指尖纖細的觸感，所以若不是先天性盲眼的人或是年輕人，其實是不容易學會的。

我的爺爺當年因青光眼突然失明，但他也未曾學習點字。跟他一樣愛書如命卻因為眼睛惡化而不得不捨棄書本的人，事實上是很多的。

當腦部因此受到的刺激變少，便可能引發失智症。其實就算眼睛看得見，但越是高齡的人，用眼時越容易感到疲勞，如此一來，閱讀學習的困難度自然一年比一年高。

不過不必太擔心，因為還有耳朵可以幫忙。善用有聲書，便可大幅減輕身體負擔，進而促進腦部活化。

在二〇〇〇年代初期，專攻老年醫學的東北大學教授川島隆太曾證明，讓高齡者做計算題有助預防失智症，針對這一點，其實我認為有聲書也具有同樣的效果。

因為聽有聲書比解答計算題更容易入門，而且跟一般認為可鍛鍛腦力的拼圖、遊戲比起來，有聲書內容豐富多元、百聽不厭，優點更多。

所以我決定親自向人們證明它的效果。

既然要檢證，就不可缺少專家的協助，因此我向關西福祉科學大學研究失智症的腦科學專家重森健太教授提出了請求。因為重森老師曾在二〇一六年出版了一本很有趣的書《慢跑健腦法》，所以我便心想，或許老師對於我的計畫會感到興趣。

後來證明，我跟老師真的是意氣相投，他立刻就答應了我，並且馬上展開實驗。

當時是二〇一九年的一月。

高齡者不可不試有聲書

重森老師的服務據點中有一所是長照復健中心，因此這項實驗便請該中心的六十五歲以上高齡者協助，請他們一邊聽有聲書、一邊運動，調查這對他們腦部血流狀態的影響程度。

在失智症預防訓練中，計算題向來被當成使用標準，但在此次的實驗結果顯示，使用有聲書與使用計算題引起的腦部血流反應是同等的。不僅如此，有聲書還比較不容易因「習慣」或「厭倦」影響效果。

各項目的血液氧化血紅素濃度差異

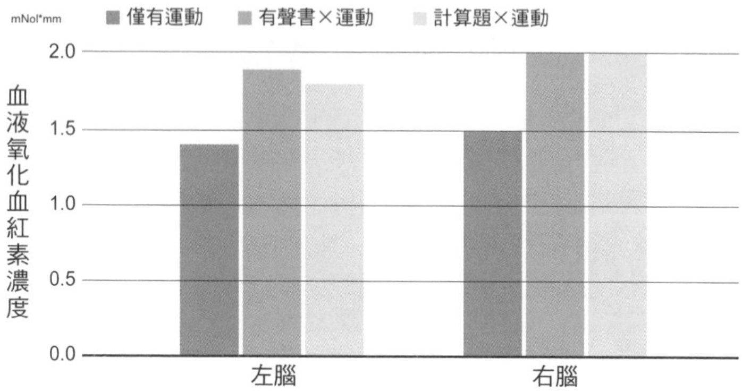

雖然並無法因此斷定可改善失智症，但結果已提供了很大的線索，所以我們也在二〇二一年十月發表了關於此實驗的論文。

接下來再介紹一個很有趣的證明。

二〇一七年九月，伊朗沙希德．貝赫什提大學的研究單位發表的論文中，提出了有聲書對高齡者心理健康帶來的影響。研究結果認為，有聲書的讀書效果與閱讀療法（Bibliotherapy）是相同的。

「閱讀療法」是一種心理療法，方法是透過閱讀為人們內心的煩惱引導出解決之道。閱讀療法在英國社會行之有年，二〇一三年六月，甚至在政府許可下開啟一項新制度，也就是對精神疾病患者開立的處方並非藥物而是書籍。

關於閱讀療法，英國的薩賽克斯大學及美國的耶魯大學等許多團隊都進行了研究，並且證明了讀書可減輕壓力、安定心緒，甚至有助於降低死亡率。

在不同國家，其實書籍是跟藥物被同等看待的。

沙希德．貝赫什提大學的研究團隊提出的結論並認為，有聲書也具有相同效果。想必這其中也包含了對失智症、憂鬱症的效果。

俗語說：「病由氣生。」而有聲書能協助安定「氣」這個根源，為我們抵禦精神上的失調與疾病。這對高齡者來說是最理想的。

如果你也希望周圍的高齡者像是父母等人「保持健康」，請務必推薦他們嘗試有聲書。裝設App、下載檔案、播放等手機的操作程序，以及無線耳機的藍芽連線方法等，如果高齡者不熟悉，就親切、仔細的替他們上課吧！

讓有聲書融入更多高齡者的生活中，是我的一大心願。

第三章

邁向以耳閱讀的時代

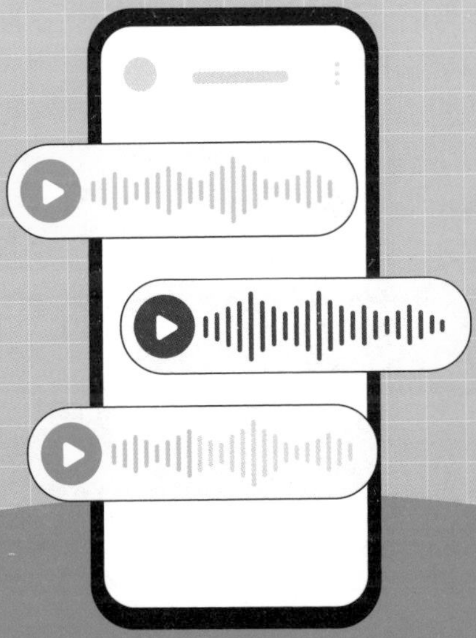

有聲書、Podcast 音訊素材越來越多，

研討會、講座也可轉為有聲課程，

科技的演進，為人們迎來用音訊學習最便利的時代！

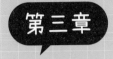

何謂四大音訊媒體

第一章，分享了我在耳聽學習法上的經驗。第二章，從腦科學角度分析了耳聽學習法。在本章，將從整體面思考有聲書本身。

本書的主題耳聽學習法，是指運用音訊媒體進行學習。所以並不是「用眼睛閱讀、學習」參考書或商業書上寫的文字資訊，而是以「用耳朵聆聽、學習」為最大前提。

首先，來看看關於音訊媒體的現況。

音訊媒體，顧名思義，即透過聲音傳播各式內容的媒體或服務。音訊媒體的種類眾多，我認為可分為以下「四大音訊媒體」。

①廣播
②Podcast
③音訊網路播送
④有聲書

現在就分別簡單說明其由來及利用方式，並比較各自的特徵。

❶廣播

如各位所知，這個音訊媒體是從很久以前就深入我們生活的一種社會基礎設施。雖然隨著電視及網路普及，廣播的存在感越來越薄弱，但其實它已開始因應現況產生變化。

例如：二〇一〇年，日本便誕生了「radiko」網路電臺平臺，讓聽眾可透過 App 或電腦收聽廣播節目，在越來越多人知道這個服務之後，廣播也受到全新的認識。radiko 的出現，讓人就算沒有專用的收訊設備也能收聽節目，因此也促進廣播業界整體的蓬勃發展。

若想收聽 radiko 中所有廣播電臺的節目，就必須使用收費版。不過若是居住地區（用戶現所在區域）播放的節目，便可免費收聽。由於十分簡單方便，因此使用人數不斷成長中。

❷ Podcast

「Podcast」一字，是由 Apple 的隨身多媒體播放器「iPod」與播放之意的「Broadcast」組合而來，透過專用的 App，可收聽新聞、英語會話、名人開講等各式各樣的聲音內容。

此服務開始於二〇〇五年的美國，後來在網路上公開聲音或影片檔的這個結構，就被稱為 Podcast。

Podcast 的部分內容採收費制，不過大多可免費收聽。現今主流的 Podcast 除了創始者「Apple Podcast」之外，還有「Spotify」、「Amazon Music」等。

Podcast 的節目，基本上是每天或每週等定期上網播送，這一點與廣播節目很相似，不過廣播是現場播放，Podcast 在網路播送的是事先錄妥的音檔。聽眾能將內容下載離線收聽，也能暫停、快轉、倒退，這些都是 Podcast 的特色。

能在想聽的時候，鎖定想聽的節目、想聽的專題，Podcast 可說比廣播節目方便多了。

❸音訊網路播送

能將自己製作的聲音內容在網路上播送的音訊媒體，近年來迅速受到歡迎。只要登錄播送者的頻道，就能盡情收聽談話內容。著名的有「voicy」、「Radiotalk」、「stand.fm」等。此外，也衍生出另一種音訊SNS，就是不採取登錄頻道的形式，只有好友名單跟追蹤者才能收聽。例如：二〇二一年初期引發話題的「Clubhouse」，以及被比喻為Twitter版Clubhouse的「Spaces」，都屬於這類。

各家的特徵及風格都不同，在利用方式上常見的則有：透過聲音與朋友或不認識的人交流，或是收聽別人你來我往的對話，或是在自己的頻道以聲音分享資訊、收聽自己以外的人，例如：名人上傳的內容等。

音訊網路播送的基本商業模式是，集合具有共同目的的使用者或支持者，確保聽眾群，因此獲取廣告；不過最近也增加了新的模式，例如：灑錢功能或頻道收費系統等。今後相信會出現更加充實的功能，讓媒體整體有更長足的發展。

❹有聲書

有聲書的內容是請旁白員朗讀書籍，所以等於「用聽的書」，是將一整本書完全音訊化的產物。

日本的有聲書歷史，可追溯到一九八〇年代。當時的美國很流行開車時收聽卡帶書（錄製了書籍朗讀內容的卡帶），所以日本也準備引進這種文化，期望能跟當時也大流行的卡帶隨身播放器「隨身聽」那般受到歡迎。

然而後來卻因為種種理由而推展失利，未能形成一種文化，有聲書也因此進入一段被冷落的時期。

直到二〇一五年，情況才終於出現變化。原因與Podcast相同，都與智慧型手機等IT設備的普及率提高有關。收聽有聲書的工具，從卡帶、CD進展到手機的應用程式，讓人人都可以簡單且以實惠價格享受有聲書。

從此不必再專程跑去買書，也不必特地準備CD或播放器，只要有手機或電腦，經過幾個程序，就能立即「用耳朵讀書」。除可購買單本書籍，也可以選擇無限暢聽（訂閱）的方案，盡情徜徉在書籍世界中。

現在日本提供有聲書服務的企業，包含我經營的Otobank「audiobook.jp」以及Amazon的「Audible」等，大大小小約有七個（二〇二二年三月止）。想必在不久的將來會有越來越多企業加入市場吧！

急速成長的有聲書市場

有聲書市場現正急速成長中。事實勝於雄辯，現在就請各位看看以下數據。這是管理顧問公司日本能率協會綜合研究所（簡稱：JMAR）於二〇二〇年一月發表的「有聲書市場規模與預測」調查結果。調查中預測，一路成長至今的數字，將來會更加成長。

二〇二一年度的預測（調查發表當時）為一百四十億日圓，二〇二四年度為二百六十億日圓。居然預測在三年間，市場規模會成長約兩倍。

日本有聲書市場規模與預測

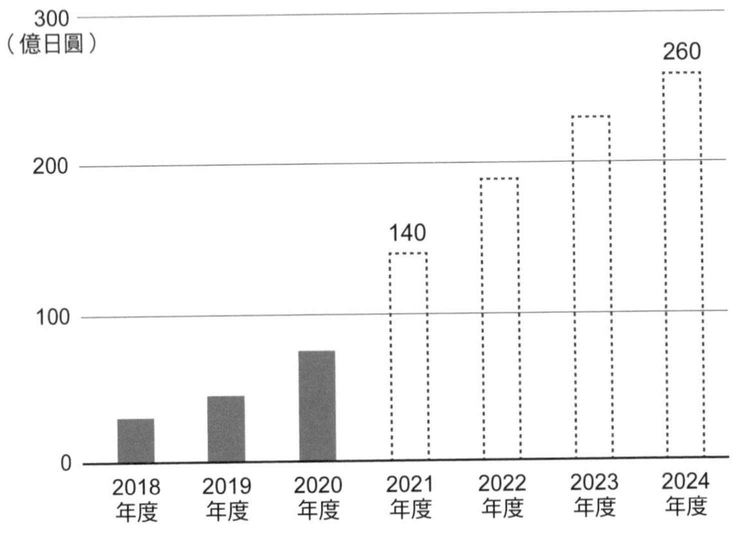

※ 調查對象為將配音員、旁白員的書籍朗讀或是演講、脫口秀等，製成音檔內容後，以商品在網路上提供的服務（有聲書）。

這並不是空口說白話或做白日夢，因為同樣身處業界，我也親身感受到了成長趨勢，所以覺得「的確有這種可能」；事實上，audiobook.jp的累計會員人數在二〇一八年約三十萬人，至二〇二二年已突破二百五十萬人，呈現爆發性成長。

其他能佐證有聲書市場急速成長的調查結果，可說多不勝數，有聲書氣勢之盛，讓否定的意見幾乎沒有發聲的餘地了。

有聲書主要可分十四種

其實耳聽學習法也可利用前面的四大音訊媒體來實踐。不過從學習性考量的話，**最適合用來學習的還是有聲書**。因為有聲書可提供各種讓人吸收新知的書籍，例如：商業書、自我成長書、實用書等，種類一應俱全，教科書或參考書等的學習內容也越來越豐富。

接下來，本章將說明有聲書相關資訊，為方便敘述，用語上除必須特別區隔的情形之外，皆將四大音訊媒體統稱為有聲書。廣播、Podcast、音訊網路播送所獲得的成效及推薦的使用方法，在此也都是相同的，特此說明。

首先，就是確認有聲書的定義。

如同字面，有聲書意指「有聲音的書」，不過這是一般狹義的解釋。在我擔任常務理事的業界團體——日本有聲書協議會，是採取廣義的解釋，即「音樂以外的所有聲音內容皆等於有聲書」。

具體說明如下：

❶書籍朗讀

即請某人朗讀一整本（或一部分）書籍。朗讀者有形形色色，如：旁白員、演員、配音員或是作者本人等，也有一種做法是將一部作品分段請不同人朗讀。

政經與評論或商業書、報導等這類以獲取資訊為目的的書籍，多是由一名旁白員朗讀；但若是像小說般會出現多位角色的書籍，有時就會採取不同的安排，例如：為了增加臨場感，會請旁白員念旁白，再請不同的配音員演出各角色的臺詞（稱為有聲小說）。

旁白員的朗讀，總是特別的好聽。

作者的朗讀，雖不是最好聽，但總是最富熱情。

因為有這些差異，所以也能依個人喜好選擇。

朗讀時，較薄的商業書約三小時，政經與評論類約三至四小時，若是頁數多的作品就會需要更多的時間。

❷演講

收錄講者的演講內容，約一至兩小時。講者若是商業書籍的作者，且講題與著作相同的話，很可能會在演講時分享寫作時的小故事。

所以在閱讀（聽）書籍之前若能先聽聽演講，了解著作背後的故事，那麼閱讀（聽）書籍時，理解速度就會更快了。

如果講者是小說家或演講專家，講題多半會與書籍內容截然不同，這時不妨放下吸收資訊的目的性，好好享受聆聽的樂趣。對某些人而言，演講或許更能傳達作者的熱情，也會特別印象深刻。

另外，若講者不只一位而是兩位以上時（聯合講座），或是採取討論會形式（每人輪流發表五分鐘的形式），這些類型的演講也都能在有聲書中找到。

❸ 有聲研討會

研討會主要是為了獲取專長或進行某項學習，而採取實際行動參加演講的活動。有的會舉辦一整天，有的甚至必須外宿數日。

由於是為了具體學習某項專長而舉辦，所以會設計得更容易理解與獲得知識，這也是它與演講不同之處。

而僅將研討會的聲音取出的，便是有聲研討會。有時也會配合內容附上教材。

有聲研討會的優點是，比實際參加研討會更有時間彈性，價格也更實惠。只要付出一般研討會一半以下的參加費就能獲取知識，所以只需要聲音就能充分學習的人，請務必好好利用。

❹對談

對談中遇到不同的對談者就會碰撞出不同的火花，這是它與演講的一大差異。

有些對談者可能會發現名人不為人知的一面，這也是對談的魅力所在。從不同以往的角度挖掘出的對話，可讓人窺見名人過去的經驗、付出的努力以及各種思考方式，讓內容更有深度、更有趣。

而且我們除了可從談話的內容中獲得學習，還可以學到如何深入訪談、如何抓到對方發言的重點，以及如何進一步延伸對話，這些都是從對談才能學到的技巧。

⑤ 訪談

訪談是採訪者向名人進行各種提問與談話的錄音內容。

雖與對談有點類似，不過對談是一來一往的對話，訪談則是藉由採訪者提出的問題挖掘名人的獨到見解。

所以採訪者的實力不同，能挖掘出的見解也不同。採訪者不一定要有知名度，但具實力的採訪者，往往也會變得知名。

從訪談中，自然可學到被挖掘出來的見解，如果還能多留意採訪者的提問技巧，以及面對尖銳問題時的回答方式、反拋話題方式，學習將會更深入。

❻ 語言學習教材

在有聲書的陣容中，如前所述，聲音教材的內容不斷增加，尤其是英語教材越來越充實。

除了語言學習教材，有聲書也提供了各種英語內容，邊聽還可以邊學語言。

不過由於有聲書還是需要一定程度的語言能力，所以不要一開始就挑戰太高難度的內容，最好先從簡單、負擔小的試試看。畢竟如果想吸收商業知識就突然挑戰商業書的英語有聲版本，但英語能力又還不足的話，那是完全跟不上的。

在 audiobook.jp 無限暢聽方案中，也包含了 Speed Learning（速學）。這套方式，因為高爾夫球選手石川遼也利用它來訓練自己的英語能力，因而變得知名。「Speed Learning」強調，應重新站在人類學習語言的基本步驟「聽→說→讀→寫」，反覆進行「聽

↓說」，藉此灌輸英語會話的思路。此服務原已於二〇二一年終止，但由於它具備優異的功能，且「輕鬆聽」的特色及有聲書的利用方式平易近人，加上不斷有用戶表示希望我們推出「用聽就能學英語的教材」，因此最後決定讓它在 audiobook.jp 重新復出。所以如果你也想輕鬆掌握英語會話，Speed Learning 絕對值得一試。

英語有聲書中最推薦的入門選擇，是兒童文學的英語版本，例如：哈利波特、麥克安迪的系列作品，這些書的優點是需要的單字量都不多，十分易讀，對培養英語的節奏感很有幫助。

❼落語

大家可能會覺得落語[1]就是為了娛樂而聽，跟耳聽學習法沒什麼關係吧？

事實上，換個角度想的話，落語也是個很棒的學習教材。為了讓聽眾聽再久也不厭倦，落語中其實藏了許多巧思，所以我們不僅能學習到橋段，更能學到引人入勝的說話技巧及節奏感。尤其是在一人面對數人的場合，落語的話術是非常有效果的。

許多名人就是在學習落語之後，搖身變成名演說家。最具代表的例子便是修行者中村天風，舉凡東鄉平八郎、山本五十六、松下幸之助、稻盛和夫等名留青史的人都曾拜他為師。其他從落語學習話術後成為著名演說家的人，其實還有很多。

下次在開心的聽落語時，也順便把對話的停頓技巧和節奏感學起來吧。

8 漫才

漫才[2]跟落語一樣，也是能學習說話技巧及節奏感的教材。不過與落語不同的是，它並不是一人對數人說話，而是兩個人分飾裝傻與找碴的角色進行對話，所以學到的話術就能在聚餐、聯誼等場合派上用場。

兩人以上拜訪客戶時，如果與對方關係不錯，也有成功運用的機會。

9 談話性節目

廣播最主要的內容就是談話性節目。如前面所提，若使用手機

1. 日本的一種傳統表演，類似單口相聲。
2. 日本的一種喜劇表演。

應用程式 radiko，就能輕鬆收聽廣播節目。

在談話性節目中，可以學到投稿專家（投稿題材的民眾）的創意發想法，以及吸引聽眾的談話技巧。

許多現在活躍於電視節目的節目企劃，以前都是出名的投稿專家，他們的創意源頭想必都是出自廣播的談話性節目。

⑩新聞、轉播

新聞或體育轉播，就比較不是為了學到什麼而聽，應該當成一個活用零碎時間、隨時吸收資訊用的工具。

電視上的新聞雖然也可以用聽的，但廣播製作的內容本來就是為了讓人用耳朵收聽，所以資訊會整合得更有重點，也就能聽得更有效率。

例如：每天早上將日本經濟新聞的早報整合成二十分鐘精華的

「收聽日經」，便是像這樣的內容。

⓫廣播劇

因為沒有畫面，反而讓聲音喚起更多有趣的想像。前面提到的有聲小說，是由旁白員負責敘述旁白，廣播劇則是經過特殊設計，即使沒有敘述旁白也能聽得懂故事。

現在的我，已習慣「隨時隨地聽」有聲小說或廣播劇，以前學生時代的我，總是在睡前窩進棉被裡一邊聽、一邊想像劇情。我經常想，因為有那時候培養出的想像力，所以才造就了現在的我吧！

⓬摘要

將書籍重點整合成摘要、精華，並加以有聲化。每冊的聲音內容約五至十分。雖然無法因此完全掌握書籍內容，但可以讓人有種已經大約讀過的感覺。如果聽過摘要後對原書產生興趣，就可以再把書找來讀。因此很適合當成選書的一種方法。

⑬講課

將大學或升學衝刺班的講課內容錄下來直接聽。最近有些講課內容也變得可以用影片方式收看了。不過其實通常不需要看影片，只要聽聲音就能理解。例如：課堂中使用的 PowerPoint 等資料，只要透過有聲書 App 看，就能完整補充了。

有些準備資格考的考生，他們也會將講課內容錄下來，不斷認真的聽好幾遍。另外，像公司員工實習時，把實習內容錄音下來復習的話也會很有幫助。

⓮短輯

從講課及研討會衍生的另一種形式。將一個主題約五分鐘的學習小音檔，以十個為一組，全部聽完後便可獲得完整的知識。例如：「行銷策略」這樣的主題，可能就是SWOT分析五分鐘、4P分析五分鐘。雖然目前選擇仍不多，不過這類的影片已經在慢慢增加，所以聲音類以後也可能會越來越多。

以上是具體的有聲書種類。由於是針對「音樂之外的所有聲音內容」，所以也可能會再找到其他分類。在此，本書先針對耳聽學習法，為各位舉出這幾個相關種類。

製作有聲書需經過許多程序

接下來介紹有聲書的製作過程。這個過程，當然不是隨便找本書、請旁白員對著麥克風讀一讀、把聲音錄成檔案那麼簡單。一本有聲書的完成，中間必須經歷許多的階段。

第一項工作，就是選出要有聲化的作品。

Otobank 在成立 audiobook.jp 的前身「FeBe」有聲書網站時，舉凡人人皆知的大文豪或名家大作，或是經典名著、過往的暢銷書和長銷書等，所有高知名度、熱賣的作品，無一不被選上。

新出版書籍的話，無論當時或現在，被選上的也多是著名作家的新作品，或是有話題焦點的作品。

想想看書店的書架，如果沒有被放上昔日名著或話題新作，就稱不上是間有魅力的書店。有聲書世界也一樣，第一步也是要努力打造「有魅力的書架」。

除此之外的作品，可能是書評網站評選的好書，或是來自作者、出版社的要求，也可能參考有聲書用戶的意見、公司內部會議眾人的提議等，經過各式各樣的選擇，才決定出作品選單。

當然並不是選單中的所有作品都能進行有聲化。因為書籍製成有聲書之前，必須先取得作者或出版社的著作權授權。

將書籍製作成有聲書屬於二次使用行為，因此除了著作權中的電子出版權及公開傳輸權等權利，還要重新製作有聲書的版權，取得許可後才能著手製作。

我們就是如此一本接一本、一個公司接一個公司，一步步的取得授權，慢慢建起立能在我們的有聲書中收聽的作品陣容。

接下來的工作則是深入閱讀作品。

像是小說之類的，一定會讀到特別精采的地方，有聲書就必須透過聲音加以表現。而這些「精采之處」，就要由製作人在閱讀時找出來。

深入閱讀每部作品時，Otobank 都堅持不能只讀一次，而是必須讀兩次以上。我們必須周全的考慮各種面向，例如：什麼地方要像「精采之處」一樣加入音效，以及應該找誰來朗讀等，慢慢讓作品的理想樣貌浮現。

接著，製作人會在腦中將湧現的各種創意進行整理，再放進腳本中。在進入書籍朗讀這個主要階段之前，會將準備工作做得如此澈底的，也許只有 Otobank 了吧。

之後便是按照腳本，請旁白者朗讀，同時確認該停頓的地方、語速，以及聲音是否符合書籍調性等，逐步將聲音錄下來。這個階段所需的時間，約是成品長度的二至三倍。

最後再進行編輯，修飾聲音平衡、消除雜音、調整停頓時間。若是文學作品，則會同時進行聲音表演。

編輯結束後，再針對原始音檔確認有無錯讀等問題，若無問題便正式完成。來到這個階段，才終於能夠開放收聽。為了將作品魅力澈底發揮，我們必須從頭開始逐步讓文字變得立體，一本有聲書能夠問世，所花費的心力可說不計其數。

喜愛有聲書的名人們

終於完成一本有聲書，也讓它終於上架了，不過這並不表示工作到此結束。

身為一家企業，我們還必須盡一切努力，取得銷況資料、實施消費者問卷調查、收集 SNS 上關於有聲書的評論及心聲，進行所有能做的分析，藉此獲得對日後有助益的資訊。

我們最重視的就是提升顧客滿意度。因為我們擁有從 FeBe 時代近十五年間，始終支持有聲書的忠實顧客，所以我們必須時時提醒自己，永遠做出讓人百聽不厭的內容，致力多樣化的服務。

因此我們從二〇二一年十一月起會定期舉辦「MeetUP」活動，讓顧客與我們的營運團隊進行線上交流。希望藉由直接傾聽顧客的感想、要求、提案，讓 audiobook.jp 的服務更加充實。

其實越來越多名人也成為了有聲書愛好者。由於無法把我所知的名單全部介紹完，所以在此僅列舉幾位代表人士。

●星野佳路（星野度假村社長）

星野社長親身實踐的「學習」方式，是在坐車時以一．五倍的速度收聽有聲書，若遇到覺得內容有幫助，或句子令人印象深刻的作品，就會在日後加購紙本書，將自己的感想記在書中，之後再三翻閱。

將紙本書與有聲書併用，並在紙本書上留下紀錄，是有聲書忠實顧客很喜歡用的一種方式，既物超所值，又有助留下記憶。

可以如此運用自如，不愧是星野社長。

●菊池雄星（職棒選手）

菊池選手向來以愛書聞名，加入大聯盟後，開始成為有聲書的愛用者。

最大的原因就是比賽的移動距離太遠（時間太久），在飛機或巴士上長時間看書的話容易頭暈，眼睛也容易疲倦，因此他開始運用有聲書，即使閉上眼睛也能讀。

有聲書幾乎不會對身體帶來負擔，就算聽一聽睡著了也是很好的事。以前某次與他相遇時，他還說正在使用有聲書學英語呢。

●為末大（體育評論家、前田徑選手）

有聲書可以一邊運動、一邊聽，所以一直很受體育選手歡迎，例如：日本男子四百公尺跨欄紀錄保持人為末大，便是長久以來的愛好者。

為末大也是《邊跑邊思考》的作者，很推薦大家在跑步或鍛鍊的同時，享受有聲書帶來的樂趣。

二〇二一年十一月，Otobank舉辦了「運動之秋×閱讀之秋．有聲書大展」，前來參加的為末大也向大家推薦了最適合邊運動邊聽的無線耳機。

果然是頂尖運動員，除了親身實踐，對使用的工具也絕不馬虎。

針對目的靈活運用

目前的有聲書服務，在收費制度上大致可分兩種：一種是必須一本本購買（下載）的單售服務（單項購入），另一種是每個月固定收費，所提供的作品皆可無限收聽的服務（定額制）。

前者是與網路書店相同的服務模式，只是將電子書換成有聲書形式。例如：書店中售價一千五百日圓的書，有聲版本（音檔）也同樣要以一千五百日圓購買。

後者的服務模式，則等同於大家熟悉的Netflix或Amazon

Prime Video 這類的 VOD（Video On Demand），都是無限收看定額制，有聲書的聲音內容同樣可以無限暢聽。二〇二二年五月本書執筆的現在，只要每月不到一千日圓，就可以在 Otobank 的 audiobook.jp 收聽超過一萬五千件的作品。

當然這兩種都會因不同用途而產生適合度、優缺點的問題，所以最好依自己的目的靈活運用。

兩者最大的不同在於，定額制只能在契約期間（收費期間）收聽，而單售制中單件購買的有聲書音檔，即使解約了還是能留下來（能持續收聽）。所以若覺得某件作品「很值得擁有」，就適合單獨購買，其他的書就利用定額制隨時收聽。

另外，最新作品或部分熱門作品，可能有某段期間必須單獨購買，不過之後幾乎都會被加入無限暢聽的選項中，所以如果覺得「想早點看」、「等不及」，那就直接購買；若覺得「有興趣但也不急」、「變成無限收聽的商品就會聽」，那麼就不妨靜待時機到來。

這樣的服務制度類似 VOD，而且跟以前的影片出租店也很像。電影上映期間，只能在電影院看到作品（只能單獨購買）。等到電影下檔，再經過一段時間，就能租回家看了（雖非定額制但收費變便宜）。

換成這樣想的話，應該就很容易理解了。

有聲書可增加讀書時間

無限暢聽的優點還有許多。

其實最大的好處就是守住了錢包。因為每本一千日圓的書，買了就要花一千日圓，但如果選擇無限收聽，就算聽了十本，收費也不會超過月費，二十本、三十本也都一樣。

以前的影片出租店，影片越就越便宜，但也是要花一百至二百日圓。而定額制因為有固定的收費上限，簡單來講就是占了價格優勢，時間充裕的人，使用起來最划算。

日本「有聲書使用傾向」調查

使用有聲書之後，接觸書籍的機會（逛書店、找時間讀書等）是否產生變化？

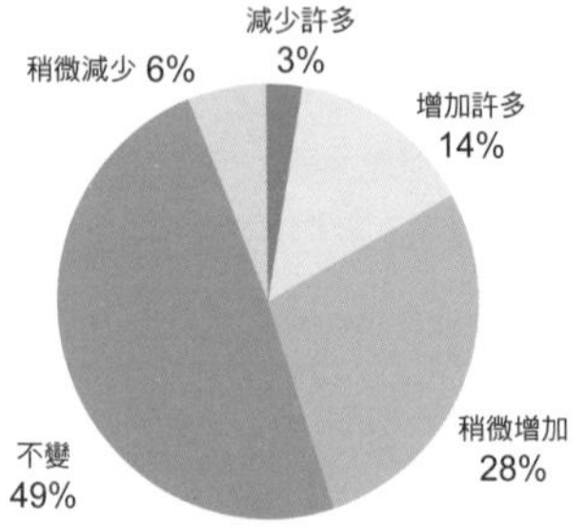

使用有聲書之後，每週的讀書時間？

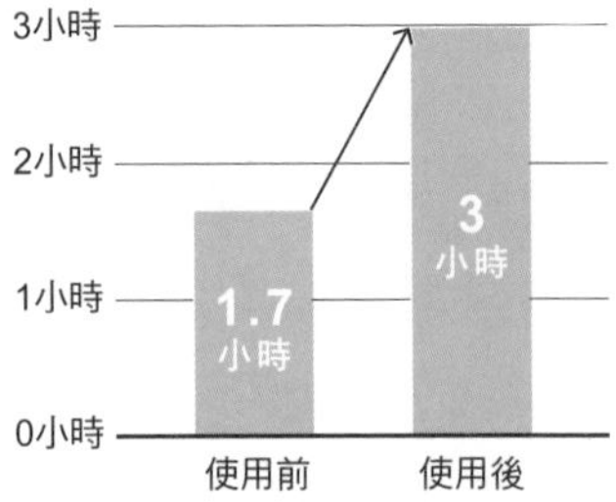

另外，所有有聲書書也都可以隨時切換試聽。如果試聽一會兒覺得不滿意就換下一本，尋找自己想聽的書，就是這麼方便。

如此追求讀書的方便性之下，根據調查，有聲書使用者的讀書時間明顯變長了。

二〇二一年，Otobank曾對audiobook.jp用戶進行「有聲書使用傾向」調查，結果發現，開始使用有聲書之後，約四成的人表示「接觸書籍的機會增加了」，讀書時間比利用前平均增加了一・七倍。

這或許是因為許多用戶並不只是隨意切換試聽，而是在讀了一開始的內容後心有所感，因此認真讀到了最後。

可見無限收聽服務加深了使用者與書的連結，成為一股原動力，推動了大家對探索知識的好奇心。

有聲書替企業養成持續學習的風氣

二〇二二年一月起，Otobank 也開始針對企業提供有聲書服務。為什麼呢？因為我們從某位經營者口中聽到了這樣的嘆息：「本來想讓員工讀〇〇這本商業書，當成員工教育訓練，可是都把書發出去了，他們卻不讀。」

經營學家彼得．杜拉克曾在著作《斷層時代》中提到：

「要實施創新，組織整體就不能缺乏持續學習的風氣。實施創新的組織，能營造出持續學習的氛圍，並加以維持。絕不能以為已經抵達目的地，要將學習視為一個必須持續的過程。」

這段的意思便是，**不能只有經營者或領導者懂得學習，整個公司、所有員工都必須投入學習，否則組織將無法成長。**

的確是如此，多數經營者也都明白這個道理。

學習不能中斷的主要理由有三點：

①不學習（輸入），就不能有效的產出。

②不僅經營者，整體組織也都必須持續學習、成長以及產出，否則便難以看到成果。

③成果的累積，有助飛躍性成長——創新。

所以經營者才會希望員工保持學習。只是現實往往無法盡如人意，即使把書發給員工了，他們也多半不會看。

不過假如把紙本書換成有聲書，結果就會不同。因為**讀書的門**

檻一口氣降低了，既可以打造輕鬆學習的氣氛，員工也容易將學到的內容分享、實踐。

而且還能提供客觀評價學習成果的機會。若從評價結果中發現自己的不足，可透過實習進修、讀書、OJT（On the Job Training，主管或前輩透過公司內部實務，讓員工或後進學會工作知識或技術的教育方法）等，從彌補不足中提高學習品質。

可見，能在進行杜拉克所說的「組織整體的持續學習」時，扮演潤滑劑角色的，正是有聲書。

我們這針對法人團體的事業才一展開，便立即收到超過一百間公司的洽詢，僅僅三個月，便在三十間引進有聲書的公司中做出成績。這個事業，未來的成長指日可待。曾有引進的公司向我們提出，希望能協助建立起持續學習的架構，因此我們也開始提供諮商服務，並且受到好評。關於建立持續學習的架構，也許可以再寫成另一本書詳細說明。

第四章

耳聽讀書、耳聽學習將改變你的生活

最先進的時間管理，

是把「耳朵空閒時間」，也納入運用規劃。

有聲書最適合想提高學識素養的人

到目前為止，我針對今後一定會深入生活的有聲書，介紹了它的整體面貌，也針對運用耳聽學習法進行了說明。

本章會更詳細解說該在何時、何地、由誰、為什麼、用什麼方法實踐耳聽讀書、耳聽學習。

二〇二一年，Otobank 針對 audiobook.jp 用戶進行的「有聲書使用傾向」調查結果中，對於「有聲書使用動機？」一題的答案，從整合的內容中摘選部分如下：

第一是「想提高學識素養」、第二是「為了工作學習」、第三是「喜歡閱讀」（以下省略）。這幾個名列前茅的回答，只要你符合其中一項，就表示你該立刻使用有聲書了。

從這調查結果可以得知，對於想提高學識素養的人，有聲書真的非常符合所需。事實上，許多人都告訴我們「有聲書比看書更方便學習」，還有「明顯感受到知識增加了」。

有聲書重度使用者的我則是覺得，哈拉瑞（Yuval Noah Harari）的著作《人類大歷史》等非小說類作品，以及吳座勇一所著《陰謀日本中世史》等學識類書籍，都很適合耳聽學習。

但這類書籍通常頁數都很多，看到大部頭的實體書擺在面前時，有些人就會覺得全部讀完也太辛苦，結果遲遲無法開始。

其實**如果利用有聲書來讀，心理跟身體的負擔都會比閱讀實體書來得輕。產生興趣的人，一定就能讀到最後（聽到最後）**。

另一方面，若是生活資訊或知識等實用書，雖然同樣是一種

有聲書的使用動機？

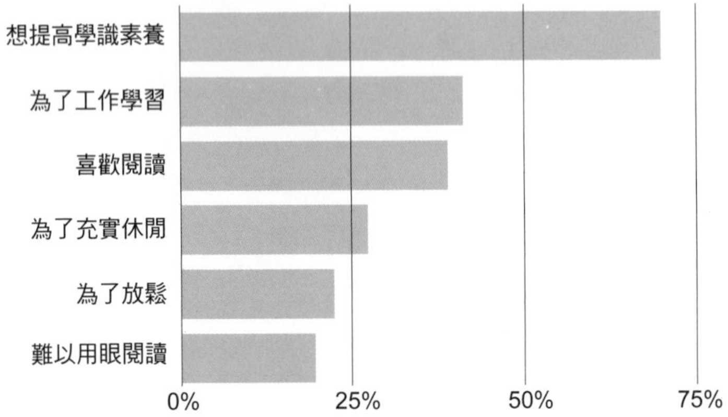

「學習」，但看這類書籍時，我們通常會在許多地方看到「早已知道的事」，所以只挑必要的部分閱讀會比較快。像這種情況，就比較適合選擇習慣的紙本書或電子書。當然即使是實用書，如果是第一次接觸的類型，需要從頭讀到尾的話，就會建議使用有聲書。

無法全部聽完也沒關係

我想提醒一件事，進行耳聽學習法時千萬不要太勉強自己。

鬥志滿滿當然沒問題，但若一心想著「每一句都不能放過」，讓自己不得不全神貫注聽的話，最後就會覺得很疲憊。

其實不管什麼書，都會有很重要跟並不那麼重要的地方，就算聽的時候被別的事吸引聽漏了，多半還是可以從前後文推測出「內容應該是在講這個吧」。如果真的很在意，或是已經跑了五分鐘、十分鐘，倒轉重聽的確是比較好，但如果大概才十秒而已，就不必太擔心，直接繼續聽也沒關係。保持輕鬆的心情，才能享受耳聽學習的樂趣。

通常真正重要的內容會被一再重提，所以就讓自己放寬心，「同樣的內容應該會再出現，如果沒出現，代表並沒那麼重要。」真的覺得某個作品太棒、太有價值的話，那麼從頭再聽一次也無妨。因為**有聲書不管聽再多遍，耳朵、大腦都不會累的**。

像這樣放鬆心情來接觸，就不會有任何問題了。

擔任Otobank有聲書大使的鳥井弘文，也是使用有聲書十年以上的資深用戶，他跟我的想法是相同的：

「不必一字一句不漏的聽，聽過就算了也沒關係。全部播放過後沒有留下印象的內容，就只要想著，原來那些並不重要。」

正是如此。

「沒全部聽完真的沒關係」，也打算嘗試耳聽學習法的你，請一定要這麼告訴自己。

耳朵空閒時間占了一天的八分之一

接下來要談的主題是有聲書該在什麼時候聽。

從前面所提「有聲書使用傾向」的調查結果中，我們將「有聲書的使用場合」、「經常收聽有聲書的場所」所得到的回答，整理出了以下圖表。

在外出「時」、做家事「時」、運動「時」，這些「隨時隨地聽」的答案，果然明顯占了多數。

外出、做家事、運動時，要順便閱讀是很難的。

但是耳聽學習法反而很適合用在這些時刻。回想我自己的使用經驗，幾乎也跟這個調查的結果相同。外出時、做家事時、運動時，我都會聽著有聲書。

因為**在做這些行動的時候，很容易出現「耳朵空閒時間」，所以是最適合耳聽閱讀、耳聽學習的時刻。**

接下來，希望大家一起來試試「耳朵空閒時間圖表」這個方法，它將讓你清楚發現一天有多少時間可以進行耳聽閱讀、耳聽學習。

我對耳朵空閒時間的定義是，「乍看之下什麼都不能做，事實上是能被有效運用的時間。」

每個人的空閒時間其實都不同，因為對我來說可以邊聽邊做的事，對別人而言可能並非如此，反過來看也一樣。

因此一天中可以得到多少空閒時間，會因為每個人的工作、私人時間的過法，以及耳聽學習法的熟悉程度，而各有不同。

有聲書使用傾向

有聲書的使用場合

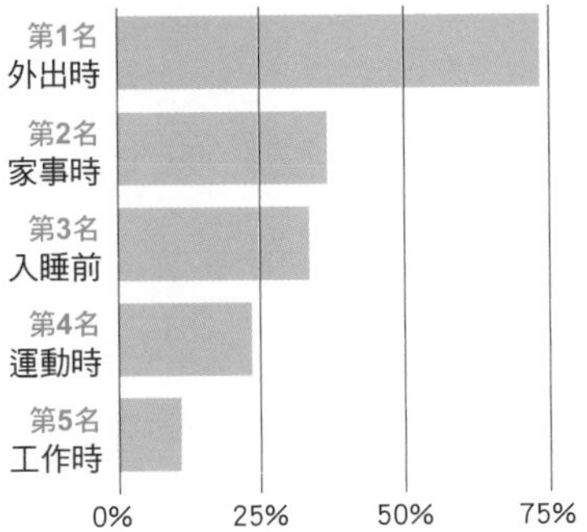

經常收聽有聲書的場所

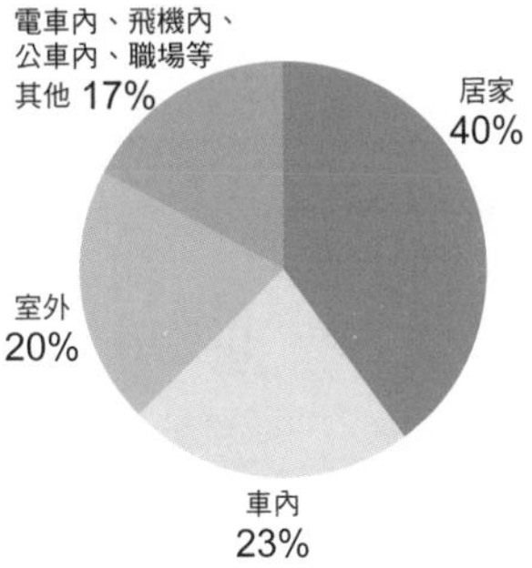

接下來就用我介紹的方法，把它計算出來吧！

耳朵空間時間圖表中，橫軸是感覺類別、身體活動，縱軸是一天的時間表。在橫軸與縱軸交會的地方，寫下當天做的事或行動。然後就能明白看出，做什麼事時有哪種感覺是空白未填的。

為了舉例，我將自己某個平日的行事曆填入圖表，提供給各位參考。

我在早上七點半起床做柔軟操，然後吃早餐，打開電腦確認郵件或Slack。這段時間中，眼睛跟身體動起來了，但耳朵沒派上用場，所以聽覺的部分是空白的。

九點到十二點，在自家進行視訊會議。十二點到十二點半是午餐時間，所以聽覺的部分空白。下午一點半開始要到辦公室開會，所以十二點半到下午一點半是通勤時間，此時的聽覺為空白。

外出時會視情況選擇電車或腳踏車、走路等，所以會使用視覺與身體，但未使用聽覺。

下午一點半到三點開會，三點到四點外出，四點到五點開會，五點到六點外出，六點回公司。六點到七點開會。七點到八點半是「思考」時間，我會利用筆記本或電腦，進行深度思考。思考時我會運用音韻表徵，所以視覺、聽覺都會很忙碌。此時沒有空白時間。

八點半回家，途中會去吃個飯，十點到家。外出時間、吃飯時間，這些時段的聽覺都是閒置的。

回家後，等洗澡跟柔軟操都完成，我會繼續工作直到睡意來

將一天的耳朵空閒時間製成圖表

＝空閒時間

時間	場所	身體	視覺	聽覺
7:30	自家	柔軟操		
8:00		早餐		
8:30		確認郵件等		
9:00		視訊會議		
9:30				
10:00				
10:30				
11:00				
11:30				
12:00		午餐		
12:30	前往公司	通勤		
13:00				
13:30	公司	開會		
14:00				
14:30				
15:00	外出時	外出		
15:30				
16:00	對方公司	開會		
16:30				
17:00	外出時	外出		
17:30				
18:00	公司	開會		
18:30				
19:00		思考		
19:30				
20:00				
20:30	回家	外出及用餐		
21:00				
21:30				
22:00	自家	洗澡、柔軟操		
22:30		工作		
23:00				
23:30				
24:00				
00:30				
01:00				

襲，覺得睏了就去睡覺。

一天的流程大概是像這樣，把當中只有聽覺空著的時間，還有視覺與聽覺同時空閒的時間整理之後，可以清楚看到，只有聽覺空著的時間是九小時，同時空著的時間是一小時。

沒錯，**像這樣做成圖表後就能發現，一天約有三分之一是耳朵的空閒時間**。

當然我並不會把所有時間都拿來做耳聽，有時也會聽聽音樂轉換心情，不過至少會利用一半以上的時間進行耳聽學習。

即使無法全神貫注的聽加速版，但拿來聽一般速度的有聲書、演講，都是很足夠的時間。**以平日二十天來計算，一個月的聽覺空閒時間，居然有一百六十小時這麼多**。

我時常與客戶開會，算是空閒時間比較少的人。以辦公室工作為主的人，例如：SE、程式員、設計師、總務、會計等，也許聽覺的空閒時間會因工作內容略有差異，但一天超過十二小時的人相信是有的。

把這麼多的時間都浪費掉，實在太可惜。所以可隨時隨地聽的耳聽學習法正是最有效的方法。

也請各位試著依自己的工作內容和聽覺、視覺的使用方式，製作個人的空閒時間圖表，想想究竟能排出多少的空閒時間。發現空閒時間後，若能有效的運用，相信將帶給自己莫大的成長。

免費下載
「耳朵空閒時間日程表」模板
請於網頁輸入：
https://reurl.cc/9VQ8kd
或掃描 QRCode

最推薦「運動時聽」

前面的調查結果中，第一名是外出時，第二名是做家事時，雖然這兩個的確很重要，但我認為更不可或缺的時間，其實是第四名的運動時。

因為運動時的注意力被聽的行為分散了，所以反而會覺得運動的辛苦減半，也就能突破體力和肌力的極限。所以不管是想鍛鍊身體、想維持健康，還是想瘦身、想抒壓的人，都很適合有聲書。

audiobook.jp 中，常有年紀較長的用戶與我們分享：「邊聽有聲書邊散步之後，散步時間就變長了。」也有人告訴我們，慢跑時聽有聲書之後跑得更遠了。

以我自己的感覺來說，**運動時與未運動時聽有聲書，兩者比起來，前者形成長期記憶的機率似乎比較高，也比較能深入思考。**可能是如眾所皆知的，因為運動時腦部血液流動量會增加，所以產生的影響吧。

可見有聲書與運動就是這麼相配。

想睡好覺就靠有聲書

接著再介紹有聲書的催眠效果。

關於這點，由於尚未有統計數字或調查證明，所以還無法斷言，但以我自己的經驗，**聽有聲書確實有助入眠**。我也常聽到周圍的人說：「躺在床上聽有聲書，總是還沒聽完就睡著了。」「哄小孩睡覺時一起聽，結果有時我卻先睡著。」

我認為原因有這兩點：

①聽有聲書就不會再想其他不必要的事，擔心的事也變得不在意了。人一陷入興奮狀態，就會容易想太多、特別感到不安。此時負面情緒也常會在腦中盤旋不去。如果拿起有聲書來聽，將專注力放在聲音內容上，腦袋就不會再想些不必要的事，激動的情緒也會穩定下來，接著瞬間就會進入夢鄉。

②有聲書的聲音會帶來放鬆、療癒的效果。有個著名的理論，人類的身體只要感受到$1/f$[1]的波動，便容易入眠。有聲書中，部分旁白員的聲音或韻律可能就是發出了$1/f$波動。

的確，有些幫助入眠的有聲書，就是特地採用了與$1/f$波動的波長相同的音階；被譽為最適合哄孩子入睡的熟睡魔法繪本系列《好想睡覺的小兔子》、《好想睡覺的小象》，其有聲版本也一樣大受

1. $1/f$波動是一種頻譜，與人在平靜時的α腦波及心跳節奏吻合，使人感到舒適。

歡迎。

可見，希望有聲書帶來一夜好眠的人如此之多。

曾經有過這麼一件事。

Otobank 曾在二〇一〇年發行的「朗讀少女」，是一個 iPhone、iPad 專用的 App，特別請來知名女配音員朗讀小說等作品。這也是有聲書的一種，問世不久即成為人氣商品，創下百萬次下載佳績，在部分族群中還成為熱門討論話題（※目前 App 已無法使用，但仍可在 audiobook.jp 收聽）。

其實當時引起熱烈討論的是芥川龍之介的名著《羅生門》。「有點難懂，所以馬上就想睡了」、「每次都聽不到最後就睡著」，這些感想在 SNS 上引起很大的迴響，它那「不可思議的效果」更成為了熱門話題。

後來不知從何時起，朗讀少女完全被視為一種「催眠 App」了。

這個現象也讓我們注意到一種全新的可能性，於是我們不是追加書籍的朗讀內容，而是追加了數羊的功能，推出後也大受好評。

程式中，由一個名叫乙葉詩織的角色負責旁白（配音員為佐佐木望），「一隻羊」、「兩隻羊」……連續說八個小時，最後連一直數的自己也睡著了。

「看到詩織數到第七千隻時睡著了，所以我也要睡了！」

在推特上看到用戶的這個留言，讓我印象深刻極了（笑）。原本是鎖定呆萌可愛需求的App，居然被當成催眠工具了，真是超乎想像。

這些經驗也告訴我們，原來不同的使用方式及內容選擇方式，也可以讓有聲書幫助我們睡得安穩、香甜。有睡眠問題的人，不妨嘗試看看吧！

測出你最擅長的學習模式

接著介紹的是COACHA經營的網站「與指導相關的各種測驗及內容的網站「Test.jp」（https://test.jp）所提供的「學習模式」檢測。這原是項收費服務，現在特別獲得同意轉載於此。

希望大家也一起來做做看。

測試的目的，是為了找出耳聽學習法對自己最適合的方向以及適合的程度。因為有些人可能看與讀（視覺）是比聽（聽覺）更擅長，如此一來，運用有聲書的方式也會不同。

我自己則是聽覺比視覺來得擅長。要我用看的記東西很難，但發出聲音、把意識放在聽覺的話，我就會比較容易記得。工作或外出時，因為沒辦法隨意出聲，所以我都在腦袋中出聲，在腦袋中刺激聽覺，藉此提升記憶力。也就是說，運用音韻表徵幫助記憶。

如前所說，語言能力對學習很重要。如果將自己擅長的感覺對照語言能力來看，那麼視覺比聽覺擅長的人，閱讀能力會比較好；聽覺比視覺擅長的人，聽力會比較好。將自己擅長的感覺對應的語言能力，加以有意識的使用，在學習時將更容易輸入、更容易記憶。

那麼有閱讀障礙問題的人呢？讀書讀得辛苦、讀得慢的人，便屬於這類。有研究發現，在一般情況下，英語系國家總人口百分之十至百分之十五的人有閱讀障礙問題，日本則約有百分之五至百分之十。造成閱讀障礙的原因各有不同，通常呈現的狀態是閱讀能力低、聽力普通或者偏高。因此學習時重視自己擅長的感覺，學習將會更有效率，而本書所強調的則是重視聽覺。

學習模式檢測

這個測試可以檢測出學習模式中的優勢感覺。優勢感覺就是吸收、理解事物時使用的感覺，有聽覺型、語言感覺型、觸覺型、視覺型四種。自身的優勢感覺會決定出有效的學習模式。

就像每個人的外表、想法都不同般，每個人適合的學習方法也不同。例如：你在記憶一件事時都用什麼方法呢？會重複一直寫嗎？會想跟誰說說嗎？只要發現自己的學習模式，就能在學習時發揮自己的優勢。

實踐最適合自己的學習模式，不僅有助快樂學習，還能早一步獲得更大的成果。

提問項目

每個區塊有十個提問，每個提問分別為：

a非常符合……十分　b還算符合……八分

c兩者皆非……六分　d不太符合……四分

e完全不符合……二分

a～e請擇一回答，並計算總分。

聽覺						
	Question	a	b	c	d	e
1	需要記憶時會念出聲音或是聽卡帶					
2	喜歡打電話					
3	不會忘記耳朵聽到的指示					
4	與人討論時會在意對方的聲調					
5	喜歡聽音樂					
6	不擅長寫筆記或記錄					
7	經常自言自語					
8	發出聲音讀書會比較容易理解					
9	回想某事時也會同時想起聲音或音樂					
10	聽課會比讀教科書容易記住					

語言感覺						
	Question	a	b	c	d	e
11	與人議論時，會被對方是否有理所影響					
12	需要記憶某事物時，會賦予意義或製造故事					
13	擅長對新的事情或資料賦予關聯性，以利理解					
14	對辭彙選擇很敏感					
15	將學會的新知與人分享後會更加深理解					
16	說話或寫文章時，很重視意思是否完整傳達					
17	決定事情時，很重視資料及舊案例					
18	喜歡看書					
19	希望仔細調查、檢討後再行動					
20	常在腦中做各種思考					

觸覺						
	Question	a	b	c	d	e
21	決定事情時很重視第六感					
22	喜歡收集物品					
23	總是動個不停（一直拿筆尖敲打出聲、搖動身體某部位等）					
24	要記憶某事時，會實際寫下來，或利用身體的體感記住					
25	說話時會比手劃腳					
26	喜歡動手工作或製作物品					
27	與人議論時，會被當時的氣氛左右					
28	常會摸別人、摸東西					
29	要記住某事時，重複寫下就會記得					
30	對溫度或風的變化等很敏感					

視覺						
	Question	a	b	c	d	e
31	說話時，很在意對方的表情或動作					
32	有插畫或圖像就很容易理解					
33	口頭告知與書面指示，較易遵從後者					
34	喜歡欣賞繪畫或藝術作品					
35	擅長解讀地圖等					
36	擅長拼圖					
37	容易記住朋友或同事的服裝等					
38	與人議論時，會被對方的表情等影響					
39	要記憶某事時，會以畫面輸入腦海					
40	寫字很少出錯					

學習類型檢測結果

	分數
聽覺型	
語言感覺型	
觸覺型	
視覺型	

分數最高的，就是你最擅長的學習類型。

也有人是多種類型或所有類型視情況使用。

下一頁將介紹各類型的特徵。

我們與人接觸時，有時會以自己的類型為優先，但與人溝通時，配合對方的類型，才能有效拉近距離。

請把檢測的結果，好好運用在日後的各種學習以及溝通上吧！

觸覺型

【特徵】

- □ 動作、說話速度緩慢
- □ 與人說話時的距離很近
- □ 常聊「觸感」、「感覺」的話題
- □ 說話方式沉穩
- □ 對身體接觸等的反應很大
- □ 不讀說明書

有效學習法 ➡ 觸覺型的人擅長透過「體感」去吸收、理解事物與資訊。利用實驗或角色扮演等體驗來學習，效果最好。進行學習時要記得定時休息。想要記憶事物時，用畫手指等動身體的方式，會記得更快。進行深度學習時，使用電腦會很有效果。若有一定不能忘記的事，可以重複寫下來幫助記憶。展開新工作時，最重要的就是實際去做做看。

視覺型

【特徵】

- □ 很重視外表
- □ 容易因外表心動
- □ 視線經常朝上方
- □ 坐的時候上半身會前傾
- □ 不太在意噪音
- □ 會用畫圖幫助記憶

有效學習法 ➡ 視覺型的人擅長透過「看」去吸收、理解事物與資訊。透過具體形象化進行學習會很有效，例如：圖表或投影片等圖像會很有幫助，單字拼寫或史實等，如果能用看的在腦中留下印象，就會記得比較快。因為注意力容易被分散，所以重要的事盡量寫在紙上，以及隨時做筆記。整理筆記時，可以善用螢光色筆或三色原子筆。進行計畫時，如果能在視覺上看見整體概念或進度表，會更有動力。

各種學習類型的特徵

聽覺型

【特徵】

- □ 經常自言自語
- □ 可以把聽到的話照樣說一遍
- □ 喜歡講電話
- □ 對聲音的變化或高低很敏感
- □ 會很快的說出一堆話
- □ 常會說「ㄟ」、「啊」
- □ 喜歡周遭的人說自己的事

有效學習法➡ 聽覺型的人擅長透過「聽」去吸收、理解事物與資訊。相反的，有噪音時便無法集中，所以學習時必須有一個安靜的環境。因為擅長聽，所以適合利用上課的方式學習。單字拼寫或上課內容，可以跟朋友討論，幫助記憶。練習記憶時，適合順序式的記憶方法。發出聲音念書，或把朗讀過的內容錄下來聽，印象會更深刻。訓練時，實地演練的效果會更好。

視覺型

【特徵】

- □ 常在腦中想各種事
- □ 很在意語意是否順利表達
- □ 喜歡列表
- □ 重視程序、系統、構造等
- □ 喜歡慢慢思考，所以回覆較花時間
- □ 不太會自動自發

有效學習法➡ 語言感覺型的人擅長透過「思考」去吸收、理解事物與資訊。透過與人討論，有助更深入理解。與其沿用既有的方法，發揮自己特有的方法更有助學習。會依場合或事物使用不同的記憶方式，這也是特徵之一。需要記憶事物時，與其他事物相連結的話，會記得更快。將參考文獻整合起來閱讀或查詢字典等，可加強學習動機。書寫的文章若有發表的機會，將更有動力。工作上，事前演練有助後續順利進行、效率提升。

一般來說，人們改善閱讀障礙的做法，有針對注重聽覺的文字及語言進行學習，或是聽有聲書、使用可將文字轉換成聲音的軟體。據說，有閱讀障礙的演員，是請人朗讀劇本後再全部記起來。

因此找出自己擅長的感覺，善用其對應的語言能力，將有助學習效率。

不過有一點希望大家不要誤會，並不是視覺較強的人就不適合耳聽學習法，也不是聽覺較強的人就不必看書。最有效的做法，其實是將紙本書與有聲書搭配使用。這點是絕對不能忘記的大前提。

順便跟大家分享一下我的測驗結果，第一名是語言感覺型，第二名是聽覺型與觸覺型。看來，我果然是對語言及聲音比較敏感的人。

紙本書、電子書、有聲書的不同用途

前面曾提到「紙本書搭配電子書使用，效果最顯著」，在本章的最後，再針對此點稍微補充說明。

我十分推薦利用有聲書進行耳聽讀書、耳聽學習，但並不表示我認為紙本書、電子書不重要。紙本書有紙本書的優點。就算有朝一日有聲書完全居上的時代來臨，相信紙本書及電子書也不會消失。

本書第三章曾介紹星野度假村的星野社長，只要看了他的運用方式，就能夠理解我說的這一點了。若成為資深使用者，從有聲書接收資訊之後，就會選擇紙本書做為資訊的產出處、資料庫。而我自己，也會針對某些作品，將紙本書、電子書、有聲書這三種版本全部收藏。

有聲書這種媒介，適合的用法有全部一口氣聽完或只重複聽想聽的部分，但如果是想快速翻頁（快轉或倒帶）找尋有趣的地方，這樣的用法就不適合了。

另外，像在書上做筆記的習慣，這雖是見仁見智的行為，但在有聲書世界中並無法寫下任何字句。也就是說，在書中留下字句，打造世上獨一無二的個人原創版本，這件事只有紙本書才辦得到。

最近我購買電子書的次數變得比紙本書還多。最大的原因就是想買就能馬上擁有。買電子書，不用多跑一趟書店，也不用費工夫在 Amazon 之類的通路下訂，再等貨上門。

有一種筆記類的 App 叫「Evernote」，它可以留下筆記而且就像寫在紙本書上般，有助深入思考，所以也是我現在特別愛用的方法。紙本書帶出門很重，但電子書的話，外出時也能隨時打開想看的頁面。沒有比這更方便的了。

讀書只能選紙本的時代早就過去，現在已經可以配合自己的目的與情況，做出最佳選擇。經常聽到上了年紀的人感嘆：「紙本書漸漸被淘汰了，真是寂寞。」其實紙本書不可能完全消失，而且如前所提，電子書及有聲書也各有其優點，所以何不以樂觀的角度看待這一切呢！

第五章

用聽的就行！耳聽學習法的進行方式

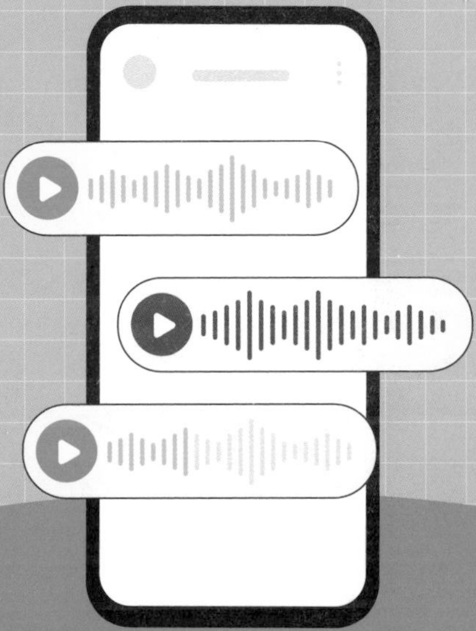

透過七大方法，運用耳朵輸入知識與資訊，
省時省力，學習成效卻倍速飆升！

適合進行耳聽學習的人

前面的章節，說明了耳聽學習的方法、效果與優點，也詳細介紹了有聲書以及腦科學方面的分析。

本章將從這些當中摘出「耳聽學習法進行方式」的重要資訊為各位複習，同時進行補充說明，將耳聽學習法做個整理。也藉此提供各位在實踐前進行最後確認。

首先，針對所處環境、性格、身體適性等，具體列出哪些類型的人最適合耳聽學習法。

【適合耳聽學習的人】

①優勢感覺（學習類型）屬於「聽覺」或「語言感覺」的人
②喜歡音樂的人
③喜歡廣播的人
④覺得只用看的會記不太起來的人
⑤覺得比較容易記住從別人口中聽到的話
⑥不擅長看書，或看得很慢
⑦曾想學速讀但學不好的人
⑧希望提升自己的說話內容和說話方式的人
⑨對坐在桌前學習感覺已到極限的人
⑩常開車的人
⑪通勤時間很長的人
⑫每天運動的人
⑬常坐在桌前工作的人

⑭常做家事的人
⑮一有吵雜聲就無法專心的人
⑯從事農業的人，或是對農業有興趣的人
⑰因住院等原因長時間臥床的人

符合其中任一項的人，便有機會利用耳聽學習法達到有效學習。當然如果符合項目越多，代表越適合。

「從沒試過耳聽學習法」、「不曾運用過聽覺，有點擔心」，會這麼想的人請放心，因為人的耳朵是可以輕鬆鍛鍊的。

鍛鍊耳朵很簡單

讀書這件事就是先告訴自己：「來讀吧！」然後用眼睛盯著書看的行為。讀書必須主動去做，否則無法獲得資訊。如果是愛書人，這樣做當然沒問題，如果不是的話，就需要相當的意志了。

有一個訓練閱讀的方法叫「速讀」，除了提升閱讀能力的程度外，還必須進行一些特殊訓練，例如：增加一次看到的文字量（擴大視野）、控制閱讀文章時的視線、矯正讀書姿勢、鍛鍊眼部肌肉等。

因此要學會速讀，不能不付出時間與努力。

但是鍛鍊耳朵（聽覺）就簡單多了。因為耳朵沒有一定得鍛鍊的肌肉，**聽覺會自動處理進入耳朵的聲音，所以能被動的獲取資訊，這跟眼部是很不同的**。

其實人的聽覺有很大的彈性，無論對方說話太快或太慢，或是咬字不夠清楚，不管什麼類型，幾乎都不會有聽不懂的問題。

有聲書的話，以約兩倍速度播放，人也可以自然理解。若調至三倍，專注聽約五至十分鐘即可理解；若調至四倍，則是十五分鐘。

這個現象便說明了，**聽覺在語言理解上具有高度的應用能力，也就是具有高度的彈性**。鍛鍊眼睛學速讀很辛苦，鍛鍊耳朵聽加速的聲音卻很輕鬆。

聽覺的彈性就是這麼大，所以即使你是從不太在意耳朵的人，或是沒聽過有聲書的人，都可以隨時輕鬆加入耳聽學習的行列。

耳聽學習法的五大優點

現在讓我們再次看看，實踐耳聽學習法可獲得什麼好處。最具代表性的優點有以下五項，接下來一一詳細說明。

❶提升語言能力

有聲書其實不只是用耳朵聽而已，還能將聽到的內容與人分享，也能在自己腦海中以聲音（使用音韻表徵）進行思考，這也是耳聽學習法整體上的優點。

如第二章所提，語言能力中理解語言的能力可區分為聽力與閱讀力。**鍛鍊聽力，閱讀力也會提升，最後便能增強語言能力。**

語言能力增強，就能使說話技巧變好、文章理解速度變快、使用辭彙變多、邏輯思考能力變佳，效果非常多。我們都是利用語言在思考，所以語言能力就像一種基礎體力，它若增強了，與思考相關的各種能力也會增強。

這個現象並不是只會出現在我們的母語日語中，在學習外語時也同樣會看到。關於利用有聲書學習外語的具體方法，第一章有詳細說明。

❷有效利用空間時間

耳聽學習法會將資訊來源轉化成有聲書的形式，所以不必使用眼睛，只要用耳朵就能輸入資訊。無論是外出時、搭電車時、散步時、運動時，各種無法用眼學習的時間，都能「隨時隨地聽」有聲書，達到有效的學習。

所以這也代表**原本那些什麼事都不能做的時間，從耳朵輸入資訊之後，都搖身一變成為適合學習的時間了**。

若想知道自己的行動中藏了多少空閒時間，可以利用第四章的「耳朵空閒時間圖表」查個水落石出。

❸促進與書本的對話

這個優點是出現在有聲書書籍朗讀的時候。這是我親身的經驗，同時也是許多有聲書用戶的感想。

閱讀時，當我們對內容產生各種思考、進行更深層的理解時，就是在「與書本進行對話」，這種境界很難在一般的閱讀中體會到。

而在聆聽有聲書時，因為不會使用眼睛，反而更能促進思考。閱讀是將映入視覺的文字資訊轉換成聲音，再透過聽覺在語言區進行理解，相對於這樣的程序，有聲書則是立即將進入聽覺的資訊在語言區進行理解。也就是說，**有聲書對大腦造成的負擔比閱讀更小，所以讓人有餘力邊聽邊思考。**

參加研討會或演講時也一樣，基本上，研討會或演講都是以從耳朵進入的聲音資訊為主，所以也比較容易促進思考。

❹ 空出雙手

聽有聲書時，手就能空出來。

如果不是利用零碎的時間聽，而是處在能動手筆記的場合，就可以邊聽邊做筆記，藉此幫助思考、加深印象。

空出雙手時，也可以邊聽有聲書邊做些簡單的工作。例如：寫電子郵件、準備報告的資料等。

如此一來，「發想創意」與「善用時間」兩者就能同時實現了。

❺激發想像力

聽有聲書時，只有來自聽覺的資訊，沒有來自視覺的資訊，因此大腦會為了補充不足，自然的促進視覺上的想像。

所謂「促進視覺想像」，就是從我們過去的經驗、記憶中翻出資訊，最後視覺化為具體的情境。

這是個非常複雜的運作，因為使用的不只是聽覺而是整個大腦，腦神經外科醫師板倉徹的著作《廣播健腦法》便提到：「將耳朵聽到的資訊以想像力視覺化為情境，這個行為，使用了額葉聯合區及顳葉聯合區、大腦皮質等腦部多處，是種非常複雜的運作。」

越促進視覺上的想像，想像就會越鮮明。也就是說，想像力被激發了。

運用方法，自然的促進視覺想像，將更能激發我們的想像力。

依場合、目的聽有聲書的七大方法

接下來將重點轉到聽有聲書的方法。從休閒式聽法到效率學習式聽法皆囊括在內，整理成以下七種方法。

❶隨時隨地聽

「隨時隨地聽」就是邊做事邊聽有聲書的方法。例如：開車時、慢跑時、料理時等，眼、手都用上了，就是耳朵沒用到。此時若能聽有聲書，就能充分利用原本被浪費的耳朵時間，享受學習的樂趣。

像這樣當在做些不必太動腦的事時，一邊聽有聲書的方法，就是「隨時隨地聽」。

但如果正在製作複雜的資料，或是在腦中發出聲音思考，像這類會夾雜語言感覺的工作，恐怕就很難隨時隨地聽，而且在處理能力上也有個人差異，所以適合隨時隨地聽的時機因人而異。

有些人會在每天往返的通勤電車中聽，吸收資訊，也有人是邊開車邊聽。一開始可能會不習慣，但持續之後，身體就會逐漸適應了。

隨時隨地聽時，**讓自己保持輕鬆的心情很重要**，告訴自己：「如果有地方漏聽了，之後再聽也沒關係。會漏聽，代表不是太重要的資訊。」假如不希望漏聽一字一句，那麼就適合用接下來說明的方法——「閉上眼睛專心聽」。

隨時隨地聽是有聲書的基本聽法，人人都能輕鬆上手，所以建議先從這個方法開始。

❷閉上眼睛專心聽

這個理所當然的方法，或許在「隨時隨地聽」之前先介紹會更適合。「**這個聽法是要打造一個環境，讓人專注在聽覺的輸入，做法就是閉上眼睛，遮斷視覺資訊**」，因為閉上眼睛後，我們自然就會把注意力放在聽覺上。

閉眼這點跟隨時隨地聽的做法不同，所以也沒辦法邊做事邊進行。不過也因為如此，記東西會更快，也會更容易對各種東西產生想像。

所以想開拓思路的人，閉上眼睛專注的聽是最好的方法。

而且閉眼也能幫助眼睛休息，最適合用在眼睛疲勞的時候。

像我有時也會在電腦前工作半天以上，眼睛常感到疲勞。所以當我想讓眼睛休息時，就會閉上眼睛聽一段有聲書。

擠電車的時候這個方法也很好用。在擠滿人的電車裡，要看書或看報都很困難，但閉上眼睛專注於來自耳朵的輸入，相對的就容易多了。

❸邊閱讀邊聽有聲書

一般來說，閱讀會經過以下流程：①從視覺輸入文字資訊。②在腦海中想像成自己的聲音。③進行聽覺認知。④在語言區理解；如果配合朗讀的速度閱讀，視覺資訊與耳朵的聽覺資訊就會同時被輸入，同時對視覺與聽覺產生刺激。

本書曾說明，若透過多種感覺輸入資訊，就容易提升記憶力，這個方法便是根據此原則而來。

學習語言尤其能看到效果。

例如：聽英語有聲書時，我們的朗讀跟母語者的朗讀，兩者在停頓的地方、讀的節奏感與速度等，都很不一樣。

所以若能一邊聽母語者的朗讀、一邊用眼睛對照文章，便能體會他的語感，幫助英語進步。

另外，像我們在閱讀英語時，遇到不懂的單字就會語塞，失去節奏，但有聲書就不會有這個問題，所以能保持節奏的念下去。

❹先聽有聲書後再讀書

「先聽有聲書，之後再讀書複習」，這個方法，由於已經先用有聲書將大致的內容裝進我們腦袋了，所以在讀書時，就已經擁有對那本書的概念。

因此讀的速度就會變快，甚至快到自己都嚇一跳。

這跟**「把讀過的書再讀一次就變很輕鬆」的感覺是一樣的**。這樣的話，就算是學不會速讀的人，也能做到類似速讀的程度了。爬山也跟這種情形很像，雖然爬山很痛苦，但只要爬上去，下山就輕鬆了。

聽有聲書之外還會再讀書，所以也會跟聽法③一樣，讓記憶被牢牢留住。

❺ 集中精神聽加速版

有聲書中，有的旁白速度會比一般快，而 audiobook.jp 的 App 本身也可以調整播放速度〇．五至四倍。以兩倍速度聽的話，通常要花一小時的地方只要三十分鐘就能聽完，效率非常好。

日本人的平均閱讀速度每分鐘約四百至六百字，有聲書的旁白速度是每分鐘三百至三百五十字，所以可能聽起來感覺有點慢。

如果調成兩倍速度，約成六百至七百字，閱讀速度就能變得比一般稍快。

若是新書類型的有聲版本，一般播放速度為三至四小時，兩倍速度便是一・五至二小時，三倍速度則是一至一・五小時，如此一來，就變得跟閱讀速度快的人一樣了。

人類的聽覺非常靈敏，即使說話不夠清晰、周圍出現雜音還是能夠聽懂，說話快的人在講什麼也都大概知道。

聽加速版時需要專注力，所以邊做事邊聽的話的確很難理解，不過若是擔心自己專注力不夠的話，其實是可以放心的。因為**只要聽加速版時閉上眼睛，人就會為了理解那快速的聲音，自然而然集中注意力**。

是否能習慣快速的播放速度，其實跟個人特性還有疲勞程度有關。大腦如果處於疲倦狀態，就會難以做到傾聽，聽加速度也會變成一件苦差事，所以此時最好選擇聽正常速度的版本。

❻ 雙管齊下法

雙管齊下法是「隨時隨地聽」的應用版，不過並不是做些像開車般不需用腦的事，而是像「邊看書邊聽別的有聲書」，也就是一邊用大腦做事、一邊聽有聲書的方法。

就我所知，有些坐辦公室的人就會這麼實行，例如：工程師會邊做程式設計邊聽、網路設計師會邊設計網頁邊聽、上班族會邊寄電子郵件邊聽等。

就像前面所說，人的聽覺是很靈敏的，這個雙管齊下的方法，便是利用耳朵靈敏度的一種方法。

各位聽過「雞尾酒會效應」嗎？

在派對這種擁擠熱鬧的空間裡，當有人叫自己的名字時居然都聽得很清楚，這其實說明了，人會選擇性意識自己感興趣的語言。

人類的聽覺總是隨時在收集各種聲音，這些聲音中，人只會選擇注意自己覺得有必要的。要是缺乏這種能力，所有資訊都會被雜音淹沒，生活也會變得亂七八糟了。

雙管齊下就是運用雞尾酒會效應的一種聽法。邊聽有聲書邊用大腦做事的話，有聲書的內容可能就不會被聽進去。

不過這也沒關係。因為如果是自己很關心的資訊，自然會因雞尾酒會效應而注意聽。

此時的工作速度或許會變慢，但只要在出現不感興趣的資訊時，再回去專心工作、加快速度就好了。

如果漏聽了想知道的資訊，也可以之後再重聽漏掉的部分。

總之，要告訴自己放輕鬆的聽。要是想得太多，兩邊都會難以專注，也就無法長久持續。

進行雙管齊下時，有適合的內容也有不適合的內容。

如果輸入以資訊為主的內容，就比較適合雙管齊下法，例如：新聞或轉播等資訊節目、新書或商業書等的朗讀。

像演講那般會感受到臨場氣氛的學習內容，或是有聲小說、廣播劇等引人忘情投入想像力的內容，會因為太有趣而被拉走專注力，結果對正在做的事變得敷衍，所以不適用雙管齊下法。雙管齊下還是要以做事為主，聽為輔。

❼重複聽無數次

❶至❺的聽法都有個重點，就是都要重複聽無數次。書看太多遍眼睛會疲倦，但有聲書是讓人被動的聽見，所以不會像看書那麼容易累。**就算重複聽無數次，也不會太痛苦**。而且重複聽相同的內容，**還有助形成長期記憶留在大腦中**。

如之前的說明，不斷重複聽覺的輸入，大腦就會認為那屬於重要資訊，因此形成長期記憶。而且在聽的當時思考的事，也會同時被當成相關資訊記憶起來，在回想的時候派上用場。

尤其如果邊聽邊思考自己的人生或煩惱，以後一遇到什麼事，就會想起當時的聲音。

所以決定好某個有聲書後，就反覆聽個澈底，並好好記住思考的方法吧！

鍛鍊語言能力的四大訣竅

接下來說明鍛鍊語言能力的訣竅。

這些方法有的會被用在教育有閱讀障礙的孩子，有的則很適合用在一般的語言學習上，並且從腦科學角度來看都是十分合理的方法。

❶ 聽寫

寫是指「邊聽聲音邊記錄」的手法，是學習日語或英語等語言時的一種訓練方法。

聽寫的一般流程，最初是單字，接著是短句，習慣之後再撰寫短文。

將聲音輸入的語言寫成文字，再以眼睛確認文字，這樣的做法，最後會讓聽覺、觸覺、視覺這三種感覺都被進行了輸入。透過多種感覺而來的記憶，會讓大腦認為極其重要，所以容易被儲存為長期記憶。

因此從記憶的機制思考，聽寫也是種很合理的手法。

再進一步說明的話，從聽覺寫成文字時，腦袋必須很清楚文字與聲音的關係。閱讀障礙者中，有些人會無法記住文字與聲音的對應關係，而最適合用來學習這種對應關係的正是聽寫。

「聽聲音寫文字」的行為，有助學習文字在排列時的發音規則。聽寫的價值便在於「容易形成長期記憶」與「容易學習文字與聲音的對應關係」這兩點。聽寫除了本來就可運用在英語等語言學習之外，覺得自己的日語能力不夠好的人，在使用聽寫後，也能使日語能力提升，所以一定要試試看。

❷跟讀法

跟讀是一種訓練法，也就是「聽聲音的同時不斷模仿出聲」。如前所說，這是同步口譯者經常使用的知名學習法。

練習跟讀時，從說話的語調、節奏感到速度，都必須完全模仿。因為這麼做才能讓英語的發音變得漂亮，才能精通英語特有的節奏感。如果聽的是日語，那麼就能學到善於演說的人都是如何開口的。

跟讀法是種只針對聽覺的學習法，不過因為是聽了之後模仿說話，等於會使用兩次聽覺，所以會比只用聽的更能留下長期記憶。

❸再現法

再現法是跟讀法的下一階段進行的訓練法，也就是「**聆聽一定的聲音量，記憶聲音後，以口頭模仿表現**」。這個方法，也是為了同步口譯者學習所需而開發出來的，但在模仿日語的演說或說話方式，以及學習語言的時候，也都很有幫助。

跟讀法是把剛聽到的聲音立刻進行模仿，所以需要的是瞬間暴發力；再現法則是先記住句子或文章再模仿，所以必須努力維持記憶。

再現法會使用兩次聽覺，而且還要維持記憶、進行模仿，所以會比跟讀法更容易留下長期記憶。

❹ 矯正發音

這是學習英語等日語以外的語言時，不可缺少的一點。

「以錯誤發音記憶的話，聽到語言時，會因為自己記憶中的語言與實際語言不同，導致無法理解。」這種狀況經常發生，同時也代表聽力降低了。

其實不只是聽力，自己在發音時也會出現這種現象。怎麼說呢？因為在實際說出語言之前，腦中想像自己的聲音時，就已經是被記錯的發音了。

以錯誤的發音背單字的話，就可能在該語言發生閱讀障礙。在海外曾發生這樣的事例，當孩子使用的方言英語與課堂上所使用的英語不同時，由於這孩子無法像英語母語的小孩般理解英語的發音重點，所以把英語當成第二語言學習時，便無法記住單字與發音的關係，因此造成閱讀障礙。

努力說出正確發音的確有必要，但如果面對的不是自己的母語而是外語，可能就很困難了。因為不同的語言在發音時使用的肌肉並不同，例如：英語在舌頭、嘴脣、下巴的運用方式，都與日語不同。

在第一章我曾提過，在我準備考大學時，曾利用《The Jingles》這本發音矯正專書，學習到了正確發音。

發音獲得矯正，便能有效鍛鍊語言能力，所以知道自己是用片假名發音背英語的人，就要努力使用別種方法學習正確發音。

以上介紹的四大訣竅，我在考生時代都曾親身實踐，並且確實獲得了效果。我從 NHK 電臺的廣播英語會話入門開始，到後來已經可以不靠字幕收看英語電影了。

雖然我現在的英語實力退步許多，但如果重來一次，我還會像當年那個考生一樣實行耳聽學習法吧！

倍速倍理解讓效率更提升

「倍速倍理解」是最新的耳聽學習技巧。

倍速倍理解就是「**聽倍速聲音，同時閱讀該處文章，用以提高記憶力與理解力的方法**」。

進行方式很簡單。

①準備一本與有聲書內容相同的紙本書（電子書亦可）。

②以耳朵聽文章，同時以眼睛讀相同的文章。

③將有聲書播放速度調至兩 倍以上。

只是這樣而已。

一般的閱讀流程都是以眼讀文字、在腦中轉換成聲音（音韻表徵），最後理解為語言，但若進行倍速倍理解，音韻表徵的程序就不存在了。更正確來說，因為已將耳朵聽到的有聲書聲音直接理解為語言，所以變成像「裝上了輔助輪閱讀」。來自眼睛的文字資訊就成為了補充資訊。

過程像以下這般：

①以眼睛看、在腦中轉換成聲音、進行理解，這樣的程序不見了。

②將耳朵聽的速度加倍，眼睛會為了配合而追著文字跑（兩倍速的話新書約二至三小時可讀完，四倍速的話是一至一·五小時）。

③耳朵及眼睛同時接收到刺激，且為了理解加速的聲音而被強制專注，因而增強記憶力。

可節省（有效運用）時間，甚至可開發潛力——簡直是如願以償的天大好事。

我平時也會以二．五倍速隨時隨地聽商業書，進行倍速倍理解時，則會加速到四倍以上。剛開始，因為太快了，眼睛、耳朵都追不上，等到習慣速度後，就完全不覺得困難了。現在有些書使用四倍速度還覺得太慢呢！

進行倍速倍理解後，若是馬上再聽兩倍速的有聲書，或是與人對話，反而會因為速度太慢而覺得不適應。因為大腦被活化、思考速度加快了，所以才會出現這種現象。

讀書本來就容易令人累，現在又要靠耳朵聽快好幾倍的速度，結束後，其實身體會有不小的疲累感，不過欣慰的是，因此得到的效果也很大。

這部分的科學根據，由於正在與大學合作研究中，所以尚未得到答案。但是不僅是我，還有其他許多人也親身體會到了效果，所

適合「倍速倍理解」的選書方向

需要從頭讀到尾才能理解的書

- 政經評論
- 教養、科學
- 非小說類書籍
- 案例研究

用於升學考試之類，建議背誦的書

- 利用倍速倍理解重複讀，效果更佳
- 配合機會加以應用，可提升效率

實用書，並且是初次接觸的領域

- 第一次時，先把必讀的書一口氣輸入，最有效率
- 若是相同領域的書，挑有興趣的地方讀即足夠

以相信這一定是個能快速開發潛能的好方法。

如果你的身邊沒有紙本書或有聲書也沒關係，只要有任何寫著文章的紙或檔案，加上有相同內容的音檔、可倍速以上播放的工具，這樣就能進行了。學生、小孩、主婦、上班族、銀髮族等，無論年齡、性別，在任何人身上都能產生效果。

因為這也是能提升記憶力的方法，所以尤其適合用來準備升學考試、資格考試。

看完倍速倍理解所需條件後，請各位以此為參考，努力實踐吧。

audiobook.jp 使用者心聲

在 audiobook.jp 體驗過有聲書的用戶，透過問卷告訴了我們，有聲書為他們的人生或生活帶來了一些變化，以下也與各位分享。

audiobook.jp 使用者的心聲

鈴木惠子 本來老花眼沒辦法讀書了，最近卻可以讀好幾本喜歡的書。複習了世界史、日本史，知識也增加了。	**さんちゃん** 每天做家事或通勤時的零碎時間都能有效利用，提高了自己的素養，讓時間過得更有意義。
神川一由 讓我精神百倍。開始想好好用功了。	**ゆう** 因為學英語練聽力需要教材，所以開始訂購，想聽的時候就會打開來聽。
中川大樹 開始聽有聲書後，通勤或做家事、走路等時間都更能有效利用，生活品質也提升了。	**山田俊英** 閱讀變成一件沒壓力的事了。
yuki 本來對邊聽邊讀的做法很排斥，因為覺得書就是用來讀的。最近因為沒時間，所以沒辦法讀書，但有聲書讓我可以邊讀書邊做其他事，所以覺得很棒。很後悔沒能早知道。	**カワウチセイイチ** 有聲書不受限場地、時間，多虧有它，讓我認識越來越多書。編輯手法忠於原著，完整呈現了內容。
umako 以前都看紙本的商業書，但通勤時間聽這種內容的話會太難。所以有聲書都聽平時很少接觸的小說，閱讀領域也變廣了。	**ゆきこた** 讀文字（視覺資訊）跟聽聲音（聽覺資訊），我終於知道自己比較擅長後者。所以讀書跟學習時，我都開始會留意運用聽覺。

ふくろう 開始利用有聲書之後，覺得有點煩人的家事時間、健走的時間也都可以「隨時隨地聽」，所以也有力氣動起來了。老花眼越來越嚴重，紙本書的話，已經不再冒險嘗新，有聲書的話，平時不會選的種類也開始聽了，選得輕鬆，視野更開闊。	**たなか** 忙到沒時間讀書，邊做事還能邊聽到比 YouTube 更豐富的資訊，實在感謝。
足立 因為語言學習書的下載附錄而開始接觸。我原本就喜歡看書，孩子出生後，手跟眼睛都不得閒，但耳朵跟大腦卻很有空，不能讀書讓我壓力越來越大。原本只是取代書本使用，現在我已經變成三～四倍速的重度使用者。公司同事都說，育兒那麼忙還能保持閱讀、學習，真是佩服。	**W** 本來完全沒興趣的領域也能一直聽下去，價值觀跟視野都變廣了。以前不喜歡的人或討厭的名人、作者的書也能隨時讀了。希望不只四倍速，還能增加到五倍速。四倍速已經很普通了，如果可以再快一點就能練成速聽了。
ぽんた 因為育兒的關係暫時遠離了書本，但有聲書讓我在開車時也可以讀書，通勤時間也變成有意義的讀書時間了。	**アスカ** 練跑跟泡澡時都能讀書了。
ゆう子 有聲書可以邊做家事或邊開車聽，覺得非常可貴。戴上耳機拿吸塵器吸地板，家事也變有趣了。	**jinoji** 很想改掉睡前一直滑手機的習慣，就改聽有聲書。眼睛不容易累，覺得很不錯。
yah 跟沒讀書那段時間比起來，深深覺得受到很好的刺激。我會同時聽不同領域的作品，例如：起床後立刻聽勵志類，之後選擇稍微要動腦、較硬的內容，下午則是小說。工作結束後聽不必動腦、較輕鬆的，或是讓腦袋轉換一下，聽些引人入勝的推理小說。	**wankosoba** 在醫院等看病要等好幾小時的時候，就會拿出來聽。
しま 開始聽有聲書，是為了在通勤時取代書籍。現在則努力將紙本書與有聲書雙管齊下。吸收的知識範圍越來越廣了。	**カズ** 老花眼看書很辛苦，所以開始利用有聲書。慢跑時也很好用。
koko 主要是在健走時聽。邊走邊聽音樂雖然也很開心，但邊走邊聽有聲書感覺比較能利用時間。而且無限收聽的方案，讓我也能聽到以前不會選擇的作品，增廣見聞。	**今雅稔** 開車時或拔草時的時間都能有效利用了。冬天的話還有鏟雪的時間。最近讀文庫本覺得有點辛苦，所以聽有聲書的時間更增加了。
とし 為我帶來了活力。	**とんぼ** 育兒跟家事讓我完全沒有時間，也沒力氣再讀喜歡的書。幸好有聲書拯救了我。接小孩回家時、煮飯時、折衣服時，做這些單調的事時順便聽，很快就讀完了。很有成就感，也比用看的更印象深刻。會想繼續使用。

コロ 小孩聽得很高興，聲音也很清楚，節奏感很棒很有趣。全家人都能享用又簡單，很值得。	ひめじのひと 讀（聽）了好多推理故事。以前完全不會去看的。
M.M 利用通勤跟做家事時聽，讓我讀書量增加不少。還開始參加讀書會，活動範圍不再只局限公司了。	Kaz1981 通勤時間很長，單程就要 1 個半小時，因為想好好利用，所以大概三年前開始聽有聲書。這三年，明顯讓自己的想法跟生活變得越來越好了。
島一浩 在 Podcast 上聽「收聽日經」及財經節目很多年了。充分利用通勤中的空閒時間，累積商場必要的實力。	るんるん 常常突然就睡著了。
みこじゅうべえ 最近變得很難專心讀文字，接觸有聲書後，完全迷上用耳朵讀書的輕鬆感。隨時、隨地、零碎時間，邊做事也可以邊聽。完全不會浪費時間，太棒了。	KEN 職涯中真的感到痛苦時，把「夜與霧」聽到熟爛後，這才維持住堅強。
ソフィクレ 不必用眼睛也可以讀書，在搖晃的電車中也很輕鬆。	みぃ 樂趣與讀書完全不同，而且覺得好像大腦另一塊被活化了。可以加速聽也是很好玩的地方。
k.k65 眼睛被診斷生病後，就跟書本無緣了，直到接觸有聲書，突然覺得生活恢復光明，每天都多了很多樂趣。	マメロン 有聲書的旁白員（聲優）很投入感情，好像在看連續劇一樣。書中的情景浮現眼前，很有臨場感。
A・I 因為我會暈車，所以都不敢在坐車時讀書，但用聽的就不必擔心了，很好用。	カールン 每天散步時都會聽，不斷重複聽學語言，覺得很有效。期待有朝一日會開口說英語、法語、義大利語，決定持續努力。
えり 一直很喜歡看書，出社會後，尤其又有了小孩，讀書量變得很少。開始在做家事或外出時聽有聲書後，終於又能享受讀書的樂趣。而且也有適合兒童聽的書，我的小孩也聽得很開心。	gahaku 視力衰退，讀字變得好辛苦，幸好耳朵還能派上用場。而且不必擔心地點或時間。

いぬいぬこ 我總是很難入睡，覺得這段時間很浪費，現在終於可以利用這段時間讀書，時間也變得有意義了。	**下川真生** 以前讀書就會想睡覺，現在卻能專心聽到最後。看書速度也變快了。
ひろし 我都在下廚或整理庭院、擠電車、開長途車等手上沒事時候聽，可以留下深刻印象、重整思緒，真的很可貴（常聽自我啟發類）。	**WE** 當想深入探討作者的想法時，有些種類用耳朵聽可能比用眼睛讀適合，這時就多虧了有聲書，讓我的讀書品質提升，學習欲望也更強烈。
さる 以前選書、買書完就覺得滿足了，也沒看就賣掉，一直都這樣。有了有聲書，終於可以聽到最後了。	**すこやかキノコ** 工作一忙起來根本沒辦法讀書，幸好找到有聲書，可以聽到一直很感興趣的書。以前猶豫要不要讀的紙本書，改成聽的之後就能隨時聽了，很不錯。
トス子 洗碗、洗衣服、通勤這些討人厭的時間，現在都被有聲書變成學習時間了。加入無限收聽方案，對其他領域的書有點興趣時，也能隨時聽聽看，很能激發對知識的好奇心。	**にしざわさとし** 每天睡前都會聽。再也沒有「睡不著」的問題，睡覺時不能沒有它。
M.M 不愛看書又想看，就這樣過了四十年。直到遇見有聲書，不再擔心老花眼，通勤的車子裡、哄小孩睡覺時，都會拿出來用。而且想不到，我還開始會自己讀一點紙本書了……感謝有聲書帶我進入閱讀的世界。	**Fumitsuki** 我本來就愛看書，每個月可以看十本左右的推理小說。加入「audiobook.jp」後，以前絕對不會碰的書（杜拉克或麥肯錫之類）也會去聽了，每天彷彿都聽見新的世界。
とおるちゃん 讓人生變得有效率。	**TD** 睡前或外出時會聽些小說或勵志類的書，坐在桌子前時會拿出筆記本或紙聽商業書。「娛樂」與「學習」，讓讀書時間變得豐富多元。
ノブタロウ 我在鄉下地方開車通勤，覺得很值得，積極的選擇自己想聽的。不朽名著我不知聽了幾遍。還能學到新的技能。	**ひーすけ** 通勤時間跟外出時間都變成學習時間了。工作能力也因此大大增強。
田中 無聊的開車時間拿來讀書後，每天坐車的時間都變有趣了。	**前川隆昭** 我以前都是聽音樂或Podcast，發現有聲書後，通勤或走路都會一直聽。根本是只要耳朵有空一定會聽。讀書量也變成以前的三倍。

けんけん 想讀書又找不到時間變成我的壓力。有聲書可以邊做其他事邊聽，真是幫了大忙。	こいち 我主要是買英語學習書，在來回公司的路上聽。現在都習慣不靠眼睛改靠耳朵理解內容。
タカエス 我常在開車或慢跑時聽商業書或勵志書。我讀的速度很慢，不過第一次用倍速聽後大致也能抓到重點，再聽時就能充分理解了。	マサロニアン 以前買了卻裝不進腦袋的作品，最近聽完後突然就懂了，感覺到自己的進步。隨時都能聽這一點很棒。
Masahiro.S 以前書都看不完，但有聲書可以一直播放，「隨時隨地聽」，我終於也能全部聽完了。	齊藤潤 又厚又難懂的商業書讓人提不起勁時，我漸漸會用聽的方式著手。想不到生活會出現這樣的改變，人生突然好像往正面的方向前進了。
みちこみ 我是中學老師，每天都很忙碌。開車通勤的一小時原本覺得很痛苦，現在已變成我的快樂時光。從有聲書獲得的學習，帶給我成長，也讓我分享給學生。想讀書卻沒時間的焦慮感也消失了，真是萬分感謝。	CS 我住在國外，幾乎沒有機會看到日本的電視節目或電影，但使用有聲書後，每天都能聽到日本人真正的聲音，也能讀到有趣的書。
G.H 在外出等候時，把讀過的書不斷重聽，讓我對書的了解越來越深入了。	山崎健輔 坐車等零碎時間變得有意義。能讀書的時間變好多。
kims 一開始聽的是「實現夢想的大象」。現在已經聽完許多各種種類的書。過了好幾年，我已經五十多歲，每天都能聽到新的想法，每天都覺得很珍貴。	MK 散步，還有用四倍速有聲書吸收大量資訊，都變成我的習慣，健康、智慧同時擁有。
まっちゃん 我是個視覺障礙者，平時就會使用錄音教材讀書。有聲書會請專業配音員、旁白員朗讀，我覺得很好聽。	wako 每天往返兩小時的開車時間，我都會一直聽有聲書。每週十～十二小時，現在已成為我不可或缺、珍貴的讀書習慣。
古川 讓我會突然出現靈感。常覺得作者的想法轉移到我身上，這是紙本書不曾有的體驗。我還會特地從不感興趣的種類選有聲書來聽，打開自己的世界。讀字會覺得辛苦，聽聲音卻很輕鬆，這點也很有趣。	M.S 跟著老公外派，現在住在美國，整天沒事做都在滑手機，也沒機會聽到好聽的日語，漸漸我也很少開口講了。有聲書可以隨時隨地讓我獲得各種知識，也不會有用眼過度的問題，還可幫助我維持日語的表達能力。

T.T 我都開車通勤，總想找個方法好好利用通勤時間，就在此時遇見了有聲書。主要都聽商業書，用聽的感覺更容易留下印象。	マシュマロもち 一邊聽聲音一邊看著書，難懂的字、不會讀的漢字都聽得毫無阻礙，讀書效率變很好。
a_a 家事、育兒讓我很難有完整的讀書時間，一直覺得無法被滿足。將無線耳機跟有聲書一起使用後，做家事時或接送小孩時，無論在哪裡都能讀書了，覺得很開心。	名無しの權兵衛 漫長的通勤時間（一小時以上）變成有意義的學習時間了！甚至還讀完厚厚一本的《人類大歷史》，通勤時間也變得很美好。
パランティア 我經常開車，覺得開車時間都被白白浪費，遇見有聲書後，開車時間就等於讀書時間，時間被有效利用，在車裡的時間也不再痛苦了。	ぜんざい 我都在走很多路的時候聽。有聲書讓我不再自尋煩惱，也不容易感到累，甚至心情變好。而且還能學到東西，走路時也總帶著樂觀的好心情。
澤田齊 年紀大變老花眼，眼睛容易累，用耳朵就能讀書我覺得很受用。	森谷純子 以聲音聽書的臨場感、可以邊做事邊聽的方便性，能有效利用時間讓我很滿意。很喜歡像聽音樂般一直播放，感覺耳朵好像也一直在等著一樣。
つねさん 我通常都邊做事邊聽，轉換心情。有些書字很多又有點難度，所以常猶豫要不要買，改成用聽的重複好幾次後，覺得比用讀的更容易記得內容。邊做事邊聽，也讓我不再擔心書買來卻沒時間看了。	梶谷真理 因為眼疾的關係一直幾乎無法閱讀，生活很無趣，現在每天做家事空檔都會聽有聲書，能夠讀書了，生活也有樂趣了。
レイ 不當成是在學東西，只是在廚房忙時找自己有興趣的一邊聽，有時隨便聽，有時專心聽，一收一放地聽。時間不再浪費，晚上也不用再熬夜了。	石橋博仁 收集知識、資訊的效率越來越好。
みやじま 通勤坐車或搭電車時可以閉上眼睛聽，哄孩子睡時也可以用一隻耳朵聽，不再覺得無法讀書很痛苦了。	GT-Bass 眼睛生病後閱讀量也大減，幸好聽了有聲書，讓閱讀量恢復到以前的一半。以前不感興趣的書也有了接觸的機會。
杉野悅子 我天生眼睛狀況不好，又加上年紀大了，讀字容易累，就逐漸很少讀書。想不到有聲書讓我又能開始讀很多書，真的很高興。從還叫做 FeBe 時我就已經使用了。	南滿穗 讓我開始懂得善用每個零碎時間。

SA 整天使用電腦，到了睡前眼睛已經累到無法看書，此時，能用耳朵聽的有聲書就是我的最佳夥伴。	もらん 以前都是讀紙本書，靠文字記憶。改用有聲書聽相同的內容後，意外發現會記得比較多的內容。從此就愛上利用耳朵學習的方法。
AriGatashi 因為身體的殘疾，讓我無法拿書也無法翻頁，所以對有聲書真是充滿感激。	にあ 遛狗時，會從無限收聽方案中一本接一本的聽。因為使用單耳式的無線耳機，所以也能聽到周遭的聲音，十分方便。
ザック 如果沒有有聲書，人生中遇見的書就會少很多。能讀到最後的書又會更少了。跟用看的比起來，用聽的更能記住書的內容，也才能運用在生活中，讓人生更精采。	ポテコロビン 上班地點換了，通勤時間變成單趟要花一小時，回家後也沒時間看愛看的書。自從發現有聲書後，就不再討厭通勤時間了。
よしえ 平時不會在書店裡拿起來看的書種，換成有聲書之後，就覺得聽聽看也無妨，讀書的範圍因此變廣了。有些書雖然感興趣但動力又不夠時，也可以聽聽有聲書，讀書變成不再是那麼難的事了。	ヒラ 以前都忍不住一直看 YouTube，看到連時間都忘了，開始聽有聲書後，變得能在各種場合中創造話題與發揮創意了。
peanutsboy 我的興趣是慢跑。慢跑時能做的事只有跑步，但耳朵其實是有空的，所以我也會聽有聲書。聽得入迷時，就會跑得比平時更遠。可以變健康又能學到東西，我很滿意。	島にぃ 以前都在散步時隨意聽著音樂，後來開始在 FeBe 聽書，讀書方式就完全改變了。以前都拿沒時間看書當藉口，現在卻可以每天專心讀超過二小時的書。無限收聽、數倍加速，還有像在書店站著看書的感覺也可以在 App 執行，很令人滿意。
吉澤光一 一開始，我都是在坐車或空檔時間、開車時間使用，後來聽了望月俊孝教的 4C 讀書法，便與默讀法併用，希望改善讀書的速度與理解力。可以聽了以後再購買，所以不會買到多餘的書。	藤浪俊也 開車通勤時間變成了讀書時間，獲得許多新發現與價值觀。愛聽的書，我會再去買紙本書來深入閱讀，之後再以兩倍速聽有聲書，澈底學習。
カズ 23 使用有聲書後，每天生活中若出現小空檔也不會只是發呆，變得懂得珍惜了。	さな 本來很愛看書，但老花眼加上年紀的關係，慢慢變得提不起勁。以前是紙本書與有聲書併用，現在則幾乎都以耳朵聽書。當想讀很厚的書時非常好用。
星野真輝 能好好利用外出的時間，通勤時間也變成學習時間，過得很充實。	みずくん 坐車時、工作時、淋浴時也可以碰到書了（雖然耳朵沒辦法拿來「碰」，哈），接收資訊的機會增加，有變富足的感覺 ^^ 對學生來說也是很好用的一種工具 (・ω・) b

小山覺 因為有聲書，開始會讀以前絕對不會碰的書種，所以也敢輕鬆挑戰大部頭的書。每天通勤擠電車時都會聽。	**橋本肇** 沮喪、沒心力讀書時，就會聽小林正觀的有聲書，讓心情獲得救贖。
三毛貓 能坐下來讀的書都是與工作有關的，很難有機會讀些自己愛看的小說，還好有有聲書，走路或做家事的時候，都可以順便享受讀書了。	**木下正吉** 每年逐漸覺得讀書無趣時，我接觸到了有聲書，一開始會在睡前聽，能聽著睡覺，覺得很好用。
大庭聰 以前愛看書也愛買書，但讀的速度很慢，很多都讀不完，書也一直累積。認識有聲書後我開始在外出時聽，讀書（聽書？）量也增加了。	**Yuki** 我住在國外，很難取得日本的書。紙本書寄國外的話很重，運費很貴，又很難拜託住日本的人寄給我。但有聲書就不同了，住在世界各地都能取得，又不會占據空間！可以聽到發音漂亮的日語，真是太棒了。
有田耕太郎 成為上班族後就很少碰書了，但開始聽有聲書後，現在每年可以讀到三百多本。平時浪費的時間都變成投資的時間，人生也變得充實。全拜有聲書之賜，萬分感謝。	**悠悠** 用耳朵聽書，跟用文字讀書很不一樣，能邊做事邊聽是一大魅力。我會利用做家事、健走、外出往返等時間聽。因為年紀的關係沒辦法長時間閱讀了，所以有聲書真是我的一大福音。
だんご 很重視的書，會搭配紙本書一起聽。重複聽之後，就很容易記起來了。	**H.W** 聽有聲書以前每年只能讀一本，現在變成每個月能讀一～二本，每年差不多有二十本了。
たかゆき 使用有聲書後，外出時間不再覺得無聊，走路也不再覺得辛苦。甚至會為了聽有聲書，特地走路運動。	**コアラポケット** 沒時間讀書，眼睛又容易累，讀不久，所以幾乎不再讀書，改聽有聲書後，邊做家事邊聽，可吸收知識又有趣，家事也做得又快又好，真是一舉兩得。
まる 每天睡前，我都會用睡眠計時功能收聽。高齡的父母跟躺在床上養病的人都很喜歡。自己一個人或是跟很多人一起，都可以享受有聲書，這也是它的魅力所在。感謝 audiobook.jp 公司，也謝謝長時間為我們朗讀的旁白員們。	**しゅう** 受新冠肺炎影響變得運動不足，所以每天早上都會慢跑三十分鐘，有了有聲書，這段時間又變得更有意義了！不過出現不懂的單字時，無法從漢字推測意思是比較不方便的地方。
マクゴロ～ 為了讀透，只要有空就會一直聽，結果真的用聽的就牢牢記住了，而且這種體驗經歷了無數次。	**いけやん** 我幾乎都是在醫院的候診室聽有聲書。不用擔心太大聲而影響周圍的人，也不必怕太暗而無法閱讀文字。候診的時間總是很漫長，但我卻不會覺得無聊。

結語

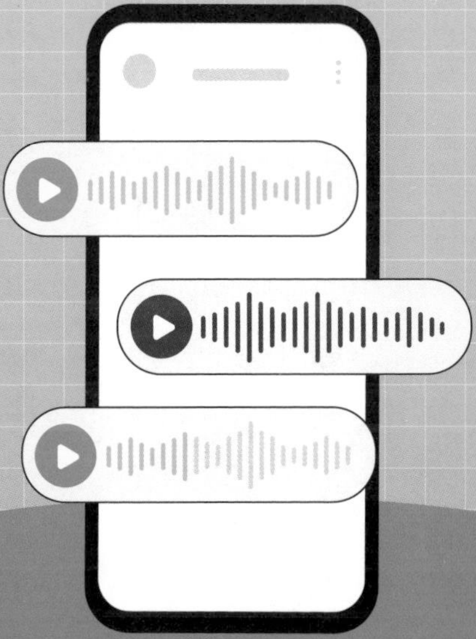

坐在電視旁沙發，舒適的沉進身子，閉上眼，靜靜聽著棒球轉播。這是我始終難忘的爺爺身影。

我的爺爺因為青光眼失明了，只能靠耳朵獲取外界的資訊。他曾是位化學家，書籍曾是他的最愛，但因為失明，讓他突然變得好安靜。

當時的日本，幾乎還不存在有聲書，我們也不知道其實有朗讀服務可提供給視覺障礙者，所以爺爺總是聽著電視的聲音，度過一日又一日。

在我考進東大後不久，爺爺就過世了。而且是在我準備去醫院探望他的前一天辭世。

這些經歷成為了我的原點。我一直想在日本社會中推廣「聆聽文化」，因為有一群人也是像爺爺般眼睛看不見，也有一群人是視力正在不斷的惡化，我希望能為他們打造一個比較容易生活的社會。

二〇〇四年十二月，我創立了 Otobank 公司，那時我大學三年級。

當時我本來想進一般的公司，然後再到NPO（非營利組織）當義工，朗讀給視障者聽。但就在我多方調查後，發現這個方法並不能解決根本問題。視障者在資訊方面與其他人有極大的落差，如果周圍的家人或朋友不知道「其實用耳朵也可以讀書」，他們根本無法與有聲書相遇。就像我們家遇到的狀況一樣，視障者家人收不到為視障者提供的服務資訊，結果當然視障者也就無法收到這些資訊。

因此我開始思考，如何將「聆聽文化」推廣給社會大眾，讓視障者的家庭也能收到這樣的訊息，讓有聲書也能送到他們手上。「最近我的眼睛都看不清楚啊……」、「真的嗎？爺爺，你知道現在也可以用耳朵讀書嗎？下次帶來給你喔！」讓這種爺孫的對話理所當然的出現在社會中，就是我的夢想。

還有就像本書所寫的，我自己也是在刻意運用耳朵學習後獲得拯救的人，所以我希望不只是視障者，所有眼睛看得見的人、任何人，我希望每個人都能在我打造的「聆聽文化」中，感受有聲書帶來的樂趣。我是因為這個目標，才創立了Otobank的。

創業至今已經將近十八年了，Otobank經營的有聲書服務audiobook.jp的用戶已超過二百五十萬人，為日本目前最大的服務系統；繼電子書市場之後，有聲書成為下一個受矚目的市場，受到出版業的期待；此外，以法人團體為對象的有聲書系統也逐漸展開。從創業之初的百廢待舉到今日的蓬勃發展，簡直不可同日而語。

不過其實我認為自己才剛站上起跑點而已。因為目前距離我的理想狀態仍然十分遙遠，所謂理想狀態就是每個日本人都已認識有聲書，也就是「聆聽文化」已澈底融入的狀態。

今後我仍會持續推廣「聆聽文化」，持續支持有聲書市場，讓這個社會的人們隨時隨地都能以輕鬆的心情享受有聲書的世界。

所以大家一起來分享、實踐耳聽學習法，共同打造一個美好的社會吧。

來到本書最後了，在我寫這本書時，受到以下許多人士的鼎力相助。請容我在最後致上無比的謝意。

Otobank創業成員之一，同時也是我的良師益友，天使投資家瀧本哲史先生。本書的起點《養成好腦力的耳聽學習法》這本書，若沒有瀧本先生的忠言建議，便無法完成。雖然很遺憾的他在二〇一九年過世了，但時至今日，每當我在行動前仍會想著：「假如是瀧本先生的話會怎麼做？」

負責本書的Discover 21編輯館瑞惠小姐與千葉正幸先生，有這兩位的援助，本書便無法誕生。

我在東京大學研究班時的教授岩井克人老師，在我創業之初前往討教時，他說：「這是對社會很有貢獻的事業，支持你去做。我可也是有聲書的愛用者啊。」這番話成為我勇往直前的力量。

公認會計士山田真哉先生，在我寫書時給了我許多寶貴的意見。

Achievement股份公司董事長兼社長青木仁志先生，這位我的良師益友，不僅全力支持我，同時也親自使用有聲書，替我們四處推廣。

瀧本研究社的中尾百合子小姐，協助查詢了最新的聽覺及腦科學論文。

Otobank社長久保田裕也先生，從創業之初便始終支持著我。沒有你，就沒有今天的Otobank。

Otobank的所有工作夥伴，因為你們的力量，才讓有聲書市場可以茁壯至此。

所有在有聲書中提供協助的出版社、作者。因為有你們的協助，讓聆聽有聲書的文化終於在日本綻放了。

使用audiobook.jp的各位用戶朋友，各位提供的寶貴意見，在audiobook.jp的成長、耳聽學習法的發展上，都帶來了莫大的助益。

因為有這麼多人士的協助，本書才得以完成。若有聲書聆聽文化與耳聽學習法能夠推廣給更多人，讓像我一樣不擅長學習的人獲得些許力量，我將感到莫大的喜悅。非常感謝各位。

上田涉

二〇二二年六月

參考文獻

岩崎祥一『脳の情報処理—選択から見た行動制御—』（サイエンス社）
高野洋太郎編『認知心理学２記憶』（東京大学出版会）
サリー・シェイウィッツ『読み書き障害（ディスレクシア）のすべて』（PHP 研究所）
メアリアン・ウルフ『プルーストとイカ』インターシフト
板倉徹『ラジオは脳にきく』（東洋経済新報社）
板倉徹『同時に２つのことをやりなさい！』（フォレスト出版）
川島隆太・安達忠夫『脳と音読』（講談社）
スティーブ・ウォーカー『英語の発音ザジングルズ』（DAI-X 出版）

Does successful training of temporal processing of sound and phoneme stimuli improve reading and spelling?
Ulrich Strehlow, Johann Haffner, Jürgen Bischof, Volker Gratzka, Peter Parzer & Franz Resch
European Child & Adolescent Psychiatry volume 15, pages19–29 (2006)

Combined auditory and articulatory training improves phonological deficit in children with dyslexia
Barbara Joly-Pottuz, Melina Mercier, Aurelie Leynaud, Michel Habib
Neuropsychol Rehabil. 2008 Aug;18(4):402-29

Impact of modality and linguistic complexity during reading and listening tasks
G.JobardaM, VigneauaB, MazoyerabN, Tzourio-Mazoyer
NeuroImage Volume 34, Issue 2, 15 January 2007, Pages 784-800

EEG spectra in dyslexic and normal readers during oral and silent reading
D Galin, J Raz, G Fein, J Johnstone, J Herron, C Yingling
Electroencephalography and Clinical Neurophysiology. 1992 Feb;82(2):87-101

Inter-subject variability in the use of two different neuronal networks for reading aloud familiar words
M.L. Seghier, H.L. Lee, T. Schofield, C.L. Ellis, and C.J. Price
Neuroimage. 2008 Sep; 42(3-3): 1226–1236

Characterizing Auditory Receptive Fields
Shihab Shamma
Neuron Volume 58, Issue 6, 26 June 2008, Pages 829-831

On the auditory and cognitive functions that may explain an individual’ s elevation of the speech reception threshold in noise
Tammo Houtgast & Joost M. Festen
International Journal of Audiology
Pages 287-295 | Received 01 Sep 2006, Published online: 07 Jul 2009
Hori, Tomoko (2008) Exploring Shadowing as a method of English Pronunciation Training Doctoral Dissertation. Kwansei Gakuin University.

Handbook for Spoken Mathematics (Larry’s Speakeasy) (1983)
Lawrence A. Chang, Ph.D. With assistance from Carol M. White, Lila Abrahamson

An experimental comparison on reading comprehension effect of visual, audio and dual channels
Huiyun Liu,Shujin Cao,Shiyu Wu

Asis&t Volume56, Issue1 2019 Pages 716-718

Fluency Interventions for Elementary Students with Reading Difficulties: A Synthesis of Research from 2000–2019
Alida Hudson,Poh Wee Koh, Karol A. Moore and Emily Binks-Cantrell
Educ. Sci. 2020, 10(3), 52

Gains to L2 listeners from reading while listening vs. listening only in comprehending short stories
Anna C.-S.Chang
System Volume 37, Issue 4, December 2009, Pages 652-663

Strategically Building Reading Fluency: Three Strands of New Listening-Reading Research
Anna Husson Isozaki
Vol. 4 (2018): Extensive Reading World Congress Proceedings

運動強度設定の違いが聴覚刺激による dual-task 中の脳血流に及ぼす影響
中村祐輔，前河知佳，佐伯帆乃香，上田渉，重森健太
保健医療学雑誌 2021 年 12 巻 2 号 p.141-148

The Impact of Audio Book on the Elderly Mental Health
Fereshteh Ameri, Naser Vazifeshenas, and Abbas Haghparast
Basic Clin Neurosci. 2017 Sep-Oct; 8(5): 361–370

日本語文章の読み速度の個人差をもたらす眼球運動
小林潤平，川嶋稔夫
映像情報メディア学会誌 72 巻 10 号 p.J154-J159

MDB 有望市場予測レポート「オーディオブック配信サービス」2020 年
日本能率協会総合研究所
オーディオブック白書 2021
オトバンク
参考文献リスト

國家圖書館出版品預行編目(CIP)資料

超高效率！耳聽學習法 / 上田涉著 ; 石玉鳳譯 . --
初版 . -- 新北市 : 虎吉文化有限公司 , 2023.05

面 ;　公分 . -- (Method ; 2)

譯自 : 超効率耳勉強法

ISBN 978-626-96887-5-3(平裝)

1.CST: 學習方法 2.CST: 讀書法

521.1　　112003936

虎吉文化

Method 02

超高效率！耳聽學習法

用「耳朵」讀書，經解苦讀瓶頸，年閱讀量倍增

作　　者　上田涉
譯　　者　石玉鳳
總 編 輯　何玉美
校　　對　張秀雲
封面設計　楊雅屏
內頁設計　楊雅屏
排　　版　陳佩君
行銷企畫　鄒人郁
發　　行　虎吉文化有限公司
地　　址　新北市淡水區民權路 25 號 3 樓之 5
電　　話　（02）8809-6377
客　　服　hugibooks@gmail.com

經 銷 商　大和書報圖書公司
電　　話　(02)8990-2588

印　　刷　沐春行銷創意有限公司
初版一刷　2023 年 5 月 3 日
定　　價　360 元
I S B N　978-626-96887-5-3

HUGIBOOKS

HUGIBOOKS